谎言的逻辑

Mertir
pour mieux vivre ensemble ?

Pascal Neveu

［法］帕斯卡尔·内沃 / 著　　陈可心　赵璐 / 译

·北京·

以此书　致
谎言背后真实的我们

MENTIR…

POUR MIEUX

VIVRE ENSEMBLE ?

目录

CATALOG

引言
01

Partie I
人人都在说谎

你敢相信吗，我们每天要说 6 次谎，一年多达 2100 多次。没有人不说谎，说谎是我们生来就有的习惯。

I 人究竟有多需要说谎 / 005
II 人为什么要说谎 / 020

Partie II
不同面孔的说谎者

生活中不断更换面具的我们，是否真的了解过面具出现的时机和价值？它为何存在？又为谁存在？

I 谎言下的面具 / 063
II 说谎是一种病吗 / 090

Partie III
我们为什么要说谎

说谎是很容易的一件事，但是我们了解过谎言到底是什么样的吗？说谎有什么意义？我们应该如何正视说谎的必要性？

I 说谎是一种自我保护 / 117
II 隐瞒真相与恶意说谎 / 140
III 无法面对真相的自我欺骗 / 158

Partie IV
谎言的逻辑

在谎言面前，我们才是最真实的我们。我们撒谎的时候才确定知道真相到底是什么样的。谎言没有想象中可怕，它比真相更真实。

I 说谎是个技术活 / 190
II 谎言比真相还真实 / 216
III 准备好面对更有逻辑的真相了吗 / 227

结语 239
致谢 243
参考文献 245

引言

那些从未说过谎的人……

无论身为职员、心理医生、公职人员还是商人……我们一定都曾经说过谎，而且在接下来的人生中还要继续说许多谎，借由不同的托辞，出于各样的理由——我们故意省略部分信息，为了遮掩实情或是隐瞒一些真相，为了得到什么抑或不失去什么，比如一份友谊或青睐，甚至为了维持伴侣间的融洽……这些原因和目的数不胜数！

在社交生活与职业生涯中，我们也需要向老板、客户、同事、朋友、家人说谎。因为我们往往需要讨好或者示弱。

谎言仿佛是长久栖居在我们身上的。但是只要我们不自欺欺人、不否认现实，那说谎还是个问题吗？什么时候说谎被定义成病态了？

谎言这一主题让我有机会继续思考存在、发生与成为自己的意义。我在上一本关于变化的书中就开始了这一思索❶。

假如，我昨天说了个谎！

我应该立刻进行自我谴责吗？明明昨天是如此妙不可言、如此令人愉悦……说谎的时候我们会选择特定对象吗？我们是会给自己设个谎言的限度，还是最终仍然突破了自我设定的谎言极限呢？是否存在某种谎言的伦理呢？谎言究竟是和平的载体还是冲突的根源呢？

而你呢？你还记得上次说谎是什么时候吗？和谁说的谎？缘由是什么呢？希望那些断定自己从未说过谎的人，也能"照照镜子"自我审视一

---

❶《改变？我从未改变！改变心理学》(*Changer? moi, jamais! Psychologie du changement*)，阿希佩尔出版社（L'Archipel），2008。

番。这面自我审视的镜子，让我们和自己面对面，同样，镜面也会让隐藏着的他人的目光无处遁形。这样的审视能够告诉我们自己究竟是谁，又在扮演谁。谎言总意味着某个诱使我们说谎、歪曲事实并戴上面具的人确实存在。再说，我们不是经常对孩子这样说嘛："看着我的眼睛，实话告诉我怎么回事！"或者更甚："撒了这样的谎，你还敢正视自己吗？"

我们为何要说谎？

这些谎言有何意义？

谎言让我们不断审视自我与内心以及自我和他人的关系。遇见陌生人时，谎言仿佛手到擒来，以致我们害怕最后在面对真实的自己时也开始扮演起陌生人。一旦跨越这个界限，是否便没有了回头路？

真相是什么？

真实的，符合事实的？还是说与人们的所思

所言相符的？

是否有一个与谎言相对立的绝对真相？

一切都是非黑即白吗？

有时候，人们所认定的真相大相径庭。在这样的情况下，我们会不会否认别人认为是真相的东西的真实性？

谎言的拉丁文词根（Mens）指的是精神与想象。

假装，扮演，隐藏，掩饰，篡改，装扮，作弊，化妆，乔装，欺骗……每一个近义词都指向谎言的一个特质。我们都可以在其中找到自己说谎的类型。而这些不同取决于说谎的目的和谎言的意义。

说谎是人性的一部分。许多哲学家都讨论过这个问题。

圣·奥古斯丁强烈谴责过谎言，并将其分为

八类❶。

他对为了达到某种目的时说的谎以及为取悦于人所说的谎言进行了思考，然后又谈论了对某个人有益并且不会伤害别人的的谎言，最后谴责了伤害别人的谎言。

他认为，"说谎者的本质就是通过谎言来进行欺骗"。

因此，说谎就是在伤害灵魂。

康德的作品中也体现了这种伦理与道德。他1797年在书中写道❷，真相应被视为理性的一种不容有任何条件的命令，也提醒人们一定要坦诚。因为人类本应趋向他们自身的实相。人类应对自

---

❶ 圣·的奥古斯丁（Augustin d' Hippone），《论说谎》（*Du mensonge*），"七星文库"（Pléiade），伽利玛出版社（Gallimard）。

❷ 伊曼努尔·康德（Emmanuel Kant），《道德形而上学 II》（*Métaphysique des mœurs II*），"权利学说，美德学说"，弗拉马利翁出版社（Flammarion），1999。

己真诚并且欣赏他人的真诚，才能在真实中相互尊重、驱散谎言。康德将此认作一种责任，一种人道主义义务。人类要认清自我的本质和真实面目，对自己诚实，对他人坦诚，这应该高于一切。

这种极端的真实性在当今社会是否仍然具有现实意义？

在现在的社会中，经过美化的履历被视为准则；在工作中说谎普遍被认为正常，因为没有人能抗拒目的和利益带来的诱惑。

主体处于谎言的中心，他策划并且引导了谎言。

成为想要的样子或者隐藏原本的样子有作用吗？因为没有人那么容易上当受骗。

尤利西斯欺骗独眼巨人（Cyclope）说自己并不是什么人，最终他能脱险是因为他毕竟是一个足智多谋的人。

山鲁佐德同样通过讲述《一千零一夜》（*Mille et Une Nuits*）的故事幸免于难。

但是当我们给孩子讲匹诺曹的故事时，难道不是想要教会他们要学会诚实，如果谎言被发现，社会便会用厌恶的目光惩罚我们吗？

在大多数的社会文明中，说谎其实没有这么严重。只有违背誓言或损害声誉的行为才会受到审判。

我们为何需要说谎？

说谎，是为了拯救自己？还是为了保护他人？

哪一个才是更重要的——成为理想自我的欲望，还是拯救他人的雄心？

什么样的焦虑会导致我们选择说谎？

谎言让我们不断审视自己是谁，迫使我们要么毫不掩饰地自我揭露，要么冒着迷失的风险乔装打扮，戴着面具狂欢。

那么，化妆、整形这类被打上"社会对于年轻态狂热崇拜"标签在年龄和外貌方面的"欺骗手段"，也可以被划入谎言的范畴吗？

就像我们现实中所认知的一样，几个世纪以来人们一直被教导的是如何通过说谎来进行诱导，因为真话总是不那么受待见。

社会生活中的我们准备好摒弃谎言，聆听真相了吗？

汉娜·阿伦特（Hannah Arendt）[1]极为确切地揭露了毒害思想的手段，并揭示了对虚假的反抗。因为被揭穿的谎言一定会受到渴求得到真实、真相和寻觅真理的人的谴责。

商业领域就更不用说了，商业化的产品介绍更是需要真实。我们都清楚自身反复不断接受与咽下谎言的能力，但我们或许无法消化容忍谎言本身（因为需要通过谴责来保护自身权益）。我们既是受害者也是同谋。

---

[1] 汉娜·阿伦特（Hannah Arendt），《从谎言到暴力》（*Du mensonge à la violence*）作者，口袋书店（Pocket），1969。

我们同样在与他人的交往中说谎,在家庭生活、伴侣关系、与子女的相处中都会不断地制造谎言,甚至我们还会自欺欺人。

圣诞老人的存在其实不就是一个谎言吗?虚构、神话、梦境在哪里为人所用?又在哪里对人有害?

但是贝特尔海姆[1]分析了童话对于孩子的益处。在童话中,幻想与象征帮助儿童实现自我构建,抚平他们的焦虑,指引他们成长。

美国心理学家兼研究员罗伯特·费尔德曼在研究过程中对一批大学生进行了观察实验。他的研究表明,无论以任何方式遇见任何人的前十分钟内,我们至少会说三次谎。从"最近怎么样?"

---

[1] 布鲁诺·贝特尔海姆(Bruno Bettelheim),《童话的魅力》(*Psychanalyse des contes de fées*)作者,拉封出版社(Robert Laffont),1976。

到"下次一起吃晚饭！"期间还会说"你可真是太美了！"等，这些客套、恭维或是伪善的话成为了不成文的真正的社交准则。这样的谎言被认为是不可或缺的，所以也不算是真正的谎言了。

而说谎则是另外一回事。它非常简单，同时绝大多数人普遍认为说谎会制造令人担忧的混乱。

他的研究还表明说谎的人更容易吸引我们的注意。从数据上看，这些老练的说谎者比迫使自己说真话的人更有机会从事媒体工作。我们与说谎者正进行着怎样关于魅力、欲望与竞争的游戏呢？

说谎者似乎对我们有极大的吸引力，因此，他们不得不一直说谎以求更好地生存，而大环境的确纵容了这种情况的持续和蔓延。

那么谁是错的？是说谎者，还是所有在社交关系中诱使纵容别人说谎的人？

其实人们并没有那么容易上当受骗。得克萨斯大学的一项研究表明，我们在47%的情况下是能够分辨出谎言的。而测谎仪的准确性其实只有80%，因为我们的情绪和压力会干扰传感器。

还有一项研究表明，经过训练的情报机构成员在学习了如何说谎并反复练习后，能够互相识别出对方有没有说谎。

即使人与人之间的关系是如此不稳定，即使人类社会缺少和谐，那么就应该为此推崇说谎、赞美谎言，并吹捧其功绩吗？

任何了解家庭生活或职场的人都知道，人一定会在某一时刻为了自保不得不说谎。因此，理解我们自身与谎言的关系就变得尤为重要了。这不只是为了减轻一部分谎言带来的罪恶感，也是为了让我们明白另一部分谎言的徒劳。

并不是所有的谎言都是善意的！

从写下"幸福是一个谎言"的居斯塔夫·福楼拜，到大喊"绝对真理的前提是像它一样的绝对存在"的维克多·库辛。谁说的才是真相？

在这本书的第一部分,我们将阐释谎言是普遍存在的,人类并非唯一要适应谎言的生物。动物也会撒谎!但人类与动物的谎言性质相同吗,说谎的目的一样吗?没有比这更难以确定的事情了……

本书的第二部分向我们揭示了说谎者的不同面孔:青少年或者成年人,父母或者孩子,每个人都在自己的角色中说谎,程度深浅不一。

在社会这个大舞台上,我们是否能一直清晰地意识到我们佩戴着面具呢?

在第三部分,我们将探讨使我们不得不说谎的主要缘由,并通过研究现实案例来区分三大类谎言。我们将从最熟悉的谎言出发,这些都是我们或多或少能灵活驾驭的谎言,依然与我们的自我保持一致性。最后,我们将转向最为复杂的谎言,也是对我们最有害的谎言,它们将我们囚禁于自我的监牢并腐蚀我们特有的本质。

最后,在本书的第四部分,我们将尝试理解为何与他人的关系会"迫使"我们说谎,以及如何让我们与一种拯救式的真诚重新联结——与自我联结、与他人联结。

下面让我们一起进入谎言的世界。

QUEL EST LE SENS DES MENSONGES ?

Partie I
人人都在说谎

你敢相信吗,我们每天要说6次谎,
一年多达2000多次。没有人不说谎,
说谎是我们生来就有的习惯。

众所周知，我们已经学会了如何说谎，也早已说过谎：谎言既可以是口头上的假话，也可以是行为上的欺骗。

在人类出现伊始，谎言的表现形式就是欺骗性行为……曾有书记载，男人和女人被创造的故事就决定了谎言和真相是我们存在的构成要素。人类开始被引诱评判善恶，去偷吃禁果，他们希望能够拥有界定和分辨善恶的能力。这就是为什么他们被驱逐，被迫经历痛苦和死亡。

通过再次回顾这个刻在我们集体潜意识中的故事，我们会发现，"说谎和说真话"这两种直接对立的行为从人类创造之初就出现了。说谎或许是人类被引诱犯下的结构性罪恶之一，因此长久以来，我们总在不断谴责谎言的立场和存在。

值得注意的是,善与恶、谎言与真相之间的这种联系自人类诞生之初就出现了。说谎既可能造成毁灭和伤害,亦能有所好处,甚至可以保护自我和他人。仿佛谎言与人共存。仿佛人生来就是个说谎者。

I 人究竟有多需要说谎

一份杂志中曾提到我们平均每天会说两次谎[1]，而英国的一项调查[2]则显示我们每天说谎的次数多达6次，相当于每年说2000多次谎！

对于我们来说，不说谎是很难做到的，甚至是不可能实现的。

一位加泰罗尼亚人卡塔尔·莫罗尝试了整整一年

---

[1] 《个性与社会心理学杂志》(*Journal of Personality and Social Psychology*)，1996年5月，第70卷，979–995页。

[2] 《2004年全国疑虑和谎言调查》，《这就是生活》(*That's Life*)，2004年12月。

不说谎。他在博客上写下了自己戒除谎言的经历。他承认在这一年中"只"说过三次谎：第一次是当他正在浴室里和妻子亲吻时，他没有如实回答他的孩子他在里面做什么；第二次是他不敢告诉妻子她变胖了；第三次是对他的母亲隐瞒了一个工作上的困难。

他的尝试是在哲学家伊曼努尔·康德的思想指导下进行的，康德认为尊重真相是绝对的道德要求。卡塔尔·莫罗做出这一尝试是受到其哥哥双重谎言的刺激：他不仅隐瞒了自己与变性人结婚的事实，而且这对新婚夫妇还假装怀过孕并谎称孩子在出生后就去世了，直至后来才真相大白。

卡塔尔·莫罗没有评判他的哥哥。一方面，他尝试理解他哥哥说谎的动机，认为他是为了免受家人异样的眼光和避免遭到拒绝而不得不构建谎言的世界。另一方面，他想研究所有得知真相的人的反应和行为，以及对朋友、熟人甚至陌生人讲述令他们不适（可能对他们来说具有冲击性）的事情的困难性。

一年后，他得出最终结论：绝对不说谎是不可能的，否则就会创造出一个充满暴力、怨恨和情绪波动的世界，并且人们也会沉沦其中。最终导致绝对的混乱，重启战争，人类回归到"动物式"的生活。因此，康德提出的道德要求经不起社会需求的考验：与他人共处需要做出一定的妥协。

所以说谎是有必要的。

让我们从这样一个观点出发：人类承受着一份爱的痛苦，这迫使他们倾向于选择说谎，而且他们能够辨别出哪些不是实话。

是何种对失去爱的恐惧以及必须得到他人之爱（或不感到被厌恶）的渴望，使得我们的生活充满谎言？

当然，原谅那些说了一个令人愉快的谎言、让人相信自己被爱的人肯定会更容易……

因此，比起把谎言作为生存在世的必需品，我们说谎更多地是为了维护良好的社会关系。

然而，说谎不仅仅是通过言语活动来实现。也有很多行为举止可能会使我们上当受骗……正如它们也会出卖我们一样。

然而,如果认为人类是被创造出的唯一的说谎者,那就错了。动物也会说谎,尽管它们主要是为了满足其原始的本能需求:生存和繁衍。

动物的谎言

动物的谎言与人类的谎言完全没有可比性。为了躲避捕食者的追捕并满足自身对食物的需求,动物会做出非常复杂的引诱、欺骗和伪装行为。

在动植物界中,生态平衡(我们更常称之为生态系统)反映了一个既对物种生存有利,又因捕食者的存在而对其不利的生活环境。食物链建立在能量金字塔的基础上,这个金字塔迫使动物进行物种的自然选择:因此,处于较低营养级的动物有可能成为较高等级的动物的猎物。

上述事实造就了许多物种与生俱来带有各种各样的适应环境的遗传基因——近乎于说谎性质的适应行为。

例如，变色龙的伪装技能是众所周知的。这种动物属于爬行动物（蜥蜴目）的一种，其已发现的化石可以追溯到6500多万年前。这一古老的起源证明了它在白垩纪第三纪灭绝事件发生之前就存在于恐龙世界中了。这就解释了为什么变色龙具有独一无二的适应性特征和信息传递特征，使其能够在天敌面前做到不被发现。

变色龙之所以拥有变色能力是因为其体内存在发色团，皮肤的色素细胞（黑色、红色、蓝色和黄色）使其能够非常迅速地融入周围环境从而避开面临的危险。与人们普遍认同的看法不同，其实变色龙体表颜色的变化不仅仅是为了隐藏自己，这还是一种真实有效的交流方式，通过变换体色，变色龙可以将其情绪状态传递给同伴：紧张、求偶的欲望、放松等。这些色素细胞则由激素激活。不过研究人员对于变色龙是否能够在其情绪状态方面说谎这一方面暂时还没有给我们准确的结论。

变色龙的特性启发了人类。例如，"变色龙"一词现已用来形容武装部队，更确切地说，是那些被派往特定行动领域的特种部队，因为他们需要隐藏起来，从而与周围的环境融为一体以不被发现。

外衣和外表并不是人类所独有的，变色龙也不是唯一一个在外表上能有所变化的动物。

诱骗是动物行为的一部分。

链球蛛有高度发达的捕食策略，共分为两个阶段：首先，当发现猎物时，它会开始从腹部末端吐出带有黏性的丝；之后，为了更容易吸引到猎物，它会释放出其猎物在吸引异性时会释放的信息素，再用"套索"非常精确地抓住猎物，然后跳到猎物身上并注射毒液，最终将猎物吃掉。这种蜘蛛使用了一种与其同类孔蛛一样复杂的狩猎技术，孔蛛是通过模仿被困在蜘蛛网上的昆虫的振动来引诱其他同类受害者，然后扑向它的猎物。

另一种诱骗的方式可以在一些爬行动物，尤其是几种眼镜蛇的身上观察到：它们能够通过分泌腐臭的气味来假装自己已经死亡，这样其猎物就会靠得足够近，这时它们就会喷射强力毒液来杀死猎物，然后将其吞食。

正如我们所看到的，动物的谎言是非常复杂的，与人类的谎言不相上下，这让许多研究人员，包括昆虫学家和动物学家都为之着迷。

除了对生态环境的适应和生命本能的反应，研究人员目前还无法对这些动物拥有上述智能的现象做出解释。

说谎行为不仅仅出现在个体身上，团体内部同样也同样会有。

例如，卷尾猴的特征明显，其脸部周围的毛是白色的、其余体毛多是黑色的，它们生活在中美洲的等级森严的群体中。每个群体由大约20只猴子组成，猴群首领处在群落前方的中心位置，其余猴子则围在边缘。群体系统是建立在信任的基础上的——每个成员都有自己的角色和职能。例如，在发生危险时，瞭望员通过发出特殊的叫声来拉响警报，触发立即避难和保护弱小猴子的信号。

然而，据观察，有些卷尾猴会故意发出错误的警报来使群体立即散开，以保留其发现的食物。"卷尾猴说谎"是为了确保自己的食物不会被首领剥夺。人类可能会认为这种行为是自私自利的表现，但其实对于它们来说说谎的动机纯粹是为了争夺和保护食物。

猴子足够聪明伶俐，可以在其群体组织中创建真正的等级制度。因此，在这些物种中有真正的联盟存在并不罕见，尤其是在类人猿中，它们会毫不犹豫地发动"政变"来改变其首领。例如，大猩猩能够通过使用欺骗性手段来使一个首领下台。

在某种程度上，占主导地位的雄性会被反叛者奴颜婢膝的行为和态度所迷惑，这种行为和态度会降低它的警惕性，然后它就会被那些想要在等级制度中取代它的猴子攻击、咬伤和制服。

支配和被支配的关系是进化物种间存在的特征。这就是雌性选择最强大的繁殖者进行交配的原因。事实上，动物不仅要确保自己能够在群体中生存下去，而且还要保证群体的生存。在等级结构的基础上，群体应该形成一个能够迎战、欺骗并最终击退任何捕食者的组织结构。

另一类尤为狡猾的动物是乌鸦。

奥地利研究人员发现了这种有清道夫之称的鸟类的隐秘行为。吃饱后的乌鸦通常会把食物藏在雪地里，以便日后进食。由于其他乌鸦最终会发现这些藏食之处，因此乌鸦有时会欺骗自己的同伴。它会挖几个洞，假装把食物藏到其中一个洞里，然后一旦离开其他乌鸦的视线，它就把食物藏到另一个洞里，以便日后再找到。

上述种种行为表明，在自然面前、在同类面前，具有高度发达的智力有助于动物个体的生存。

因此，动物实施这些策略真的是出于本能，这些策略部分或全部都是遗传来的、天生的。这就是其天然机体结构的特征。

相反，人类的特征更多地是后天形成的。

自尼安德特人和智人以来，人类不断进化，即使我们内心深处还有本能的残余，但说谎的动机已经不再属于动物行为学的范畴。

人类在后天环境中进行自我构建,并在一个充满谎言的世界里不断进化。

虚伪、奉承和谎言：都是支配他人的行为？

通过对普遍说谎现象的思考，我们不得不承认，人类已经逐渐掌握了比动物更先进的说谎方式。

有的孩子在任何交流过程中都将说谎视为正常互动，作为保护自己的生命、隐私甚至自由的方式，尽管一个在禁止说谎的环境中长大的孩子不会像他们一样经常说谎，但说谎也不单单是一个教育问题。

好像人类已经思考过说谎这一问题。因此，我们能够区分真相和虚假的谎言，并在某种程度上提高了对谎言的容忍度。

通过区分何为虚伪、何为谎言，人类已经使说谎变得更加普遍。

在一次德国之行中，我就与谎言有关的话题发表了看法。与我交谈的德国人明确告诉我，那些编造真相、歪曲现实的小谎言，对他们来说是完全禁止的。的确，德国人要求获知真相，即使是令他们不快的真相。Ehrlichkeit（坦诚、真实、可靠）一词没有为引诱、谄媚和奉承留有余地。

因此，不同文化环境有不同的说谎方式。在法国或德国，甚至在亚洲，我们说谎的方式都不同，只说了一次的"是"并不能保证什么。我们对待说谎同样也有道德标准。

仿佛只要有一个谎言的受害者，说谎者就会受到谴责。

然而审判的目的不就是确定一个被推定无罪的人是否有罪吗？

但是没有一个说谎者被判刑入狱。这就是说谎的结果，只有如背信罪、诈骗罪等极为严重的情况才会受到应有的惩罚。

在审判和定罪之前，我们要问自己一系列问题：谎言的本质是什么？有什么利害关系？我们是否是说谎的主体？说谎的方式是什么？谁是受骗目标？我们被骗了吗？

例如，扑克玩家说谎在我们看来可能是正常现象。测谎专家拍摄了一些玩扑克游戏的场景，在打扑克的过程中，虚张声势是一种必须的仪式。他们观察到了游戏中有许多说谎的行为，都是为了避免其他玩家通过言语或举止来猜中他的牌。戴帽子、戴墨镜、躲在牌后面，这些都是为了避免表情（眼神，微微一笑……）流露出自己的情绪，从而泄露手中的牌的战术。无论手里的牌如何，玩家可以一直保持相同的表情和动作（兴奋、吞咽、手势……）。有些玩家甚至会故意做出与其手中的牌好坏相反的表情或动作。

另外，商业上的谎言对于我们来说似乎是不太道德的。社会在容忍销售规则和谴责欺骗行为之间摇摆不定。

因此，对说谎的容忍度因文化环境或具体情况而异，但谎言仍然是普遍存在的。然而，我们与谎言之间存在着一种矛盾的关系。我们会相信某些教条、某些被揭示的真理。但是我们有时候又会禁不住怀疑某些真相并猛烈谴责谎言，这就产生了阴谋论。归根结底，人类是在不断质疑中寻求真理。

正如我们的父母曾经对我们说的那样："承认说谎……就已经得到了一半的宽恕！"

但追求真理就是要不断地询问谁掌握着真理，以及我们是否能够相信真理。

II 人为什么要说谎

人与谎言相联结是因为人总听到谎言。

从很小的时候开始,我们就生活在一个充满谎言的世界里,如果我们仔细想想,就会发现这其实是一个自相矛盾的世界。一方面,大人们巧妙地让孩子们相信虚构的传说:圣诞老人、仙人……另一方面,他们又注重教导孩子不应该说谎——我们童年的许多童话故事,如《彼得和狼》(*Pierre et le loup*)或《木偶奇遇记》(*Pinocchio*),以一种深刻而无意识的方式,在我们内心深处催生了一种说谎就应该受到谴责这样的必然联系。我们该如何理解这个悖论呢?

说谎不分年龄，也无关性别。

例如，青少年在与父母的交谈中每两次的沟通就有一次在说谎，42%的女人曾为了怀孕而谎称自己已采取避孕措施。

上文显示的调查数据如此之高，所以我们究竟与谎言形成了何种关系？它是如何产生的？又是如何强加给我们的？

谎言在儿童身上的构建

说谎，或者更准确地说，编造，是儿童正常心理发育和构建的一部分。因为孩子成长在一个想象和现实交织在一起的世界中。他们无法分辨真假。孩子的脑海中充满了想象中的人物，以及他们与他者之间有时非常奇怪的关系。他们给旁人和自己讲述的故事都是真假参半的，但是这其中没有坏心眼、没有预谋、没有丝毫的恶意。这种虚实混杂源自于出生后很长时间内对自我的认知过程。

为了更好地理解和把握儿童说谎的正常性，我们可以将其与儿童成长的三个阶段联系起来。在这三个阶段中，儿童与想象和现实的关系会发生变化，使儿童逐渐能够将谎言与现实区分开来：

◆ 首先是自我意识的觉醒，这一过程发生在出生后的6～9个月内（镜像阶段）；

◆ 接下来是语言的发展，使儿童能够表达自我，但第一个谎言也会随之而来；

◆ 然后，不同的个性化进程迫使儿童为了保证自己对自我身份的控制而说谎和隐瞒真相。

当自我蒙面前进

首先,我们必须回到我们的起源——诞生。

在出生时,婴儿并没有感知到自己的个体性。他感觉并认为周围环境(主要是母亲)和自己是一体的,就像在母亲的子宫里一样。虽然这听起来很奇怪,但他确实认为自己与世界是完全共生的。对他来说,世界没有明确的分界线——外界的物体和人是连接在一起的。另外,在新生儿6至9个月内,婴儿还没有意识到自我的不同。他已经有了自己的感觉。他设法单独感知周围的环境,以及为他提供主要需求(拥抱、保护、食物)的人。但他的内部和外部之间存在混淆。他仍然非常依恋他的母亲,并与她形影不离地生活在一起。这种关系被称为"母子二元关系",因为婴儿认为母亲是他自己的延伸。他通过哺乳关系与母亲连接在一起,这给他带来了满足感、愉悦感并满足了他的情感和营养需求。尽管如此,他还是成功地与世界相融合并与之互动,为下一步发展做好了准备——意识到自己是一个完整的个体。

心理学家亨利·瓦隆通过观察婴儿的行为,为雅克·拉康的研究铺平了道路,拉康描述了他们在6至18个月之间发育的一个关键阶段:镜像阶段[1]。在这一阶段,孩子最终能够在镜子里认出自己。这个认知阶段非常关键:在那一刻,孩子开始作为一个独立的个体而存在!

在镜像阶段,虽然身体和心理是紧密相连的,但主要是心理在决定身份。这是一个儿童确立自我意识、感知到自我与众不同的阶段。他终于认出了镜子中的自己,在镜子面前比划手脚,并在一段时间后能

---

[1] 雅克·拉康(Jacques Lacan),《拉康选集》(*Écrits*),塞伊出版社(Seuil),1996。

够说出第一个"我"字。这时，他就成为了一个主体，他的母亲成为了第一个与之不同的客体，即第一个他者。这第一段人际关系将对他以后建立的所有关系都具有决定性影响。

这是人类走向现实世界的第一步。婴儿意识到自己对身份的认知出了错，于是从虚假的旧世界中走了出来，但是这却让他开始感到焦虑。随后婴儿意识到母亲不存在于镜子的反射中，婴儿自己可以存在于没有母亲的情况下。这一阶段的自我认识可能会使婴儿感到不安。

这种通过镜子与自我接触的经历有利也有弊。首先，婴儿会被自己镜中的形象所吸引，并产生迷恋的情绪，为自己身份的构建确立起自恋的基础。因此，这是一个孩子自我凝视、自我观察、自我认同的时刻，但也必须面对注视着他的父母与之第一次充满爱或不含爱的互动。目光在我们与谎言的关系中是极其重要的。

说谎后我们该如何面对镜中的自己？

父母的间接目光不是隐藏在这面镜子里……让我们意识到自己说谎者的身份吗?

孩子通过他的形象和身体确定了其身份是主要的甚至是唯一的爱的对象。这就决定了他与外部世界的关系:他希望与能够给他带来快乐或满足、能够爱他的理想客体建立联系。

孩子对自己的看法其实来自于其他人,主要是他的父母对其看法的一个镜像。所以这不一定是真实的!这种感知自我的方式,即从他人眼中看自我形象的呈现,是基本的一步,因为借助他者是非常有必要的,可以帮助我们更全面地了解自己的表现、形象和身份。

当孩子能够自我认同时,他也会意识到自己之前已经被母亲和周围的其他人所认同。这些外部因素很可能已经赋予了他第一个身份。

拉康更是有所突破。他超越了笛卡尔的"我思故我在"(cogito, ergo sum),分析了孩子由于视野和视角的差异所遭遇的视觉障碍,他们会认为:"我本身的身份与我所认同的身份有所不同"。

我是谁的真相到底在哪里？我能对自己说谎吗？别人、我的父母、我的朋友……是否会欺骗我并操纵我的身份？

这些都是孩子内心产生的非常令其苦恼的问题。即使我们不怀疑他们的身份，年幼的孩子也还是会将谎言与身份焦虑联系起来。

在与构成他的身体和心理建立联系后，孩子最终成为一个主体。然后他就会完全意识到存在一个他要学会与之互动的环境。多亏了外部世界，他才能继续感知自我、成为自我并知道自己是谁。但是由于环境中存在许多事物和人，这个过程仍然相当不稳定，需要进一步巩固。他的身份有待在其他阶段进一步地发展和构建。

儿童在2岁之前就认同自己了，并且意识到其他人也认同了他。但其身份仍处于不断发展中。他们必须借助一个身份认同机制，才能获得一个没有得以实现的身份。

这一身份与其说已经获得，不如说这些认识自我的心理机制需要后天习得。为了实现某种形式的自我统一，孩子在出生后的头五年里非常积极地与外界，特别是与自己的父母建立联系。孩子主要依赖其父母，是父母使其认清自己的形象、照顾他、养育他，孩子会不自觉地学习父母的行为、思想和态度。他们模仿父母，将自己置于父母的位置上，把他们当作学习的范例。那么，他们是否要继续模仿父母的言行来欺骗自己、隐藏自己的身份呢？

在这个阶段，孩子开始形成自己的个性。他最终还是选择了自己感兴趣的元素，这有助于他在家庭生活中过得更好。他选择的主要是那些可以使他获得满足、摆脱不悦，并把自己从不被父母爱、被抛弃的焦虑中解脱出来的元素。

这个过程就叫作身份认同。身份的构建以及变化意味着另一个人的存在或一个对我们的身份提出质疑的代表性人物的存在。孩子会认同一位老师、一位明星、一位英雄，因为他们身上有孩子想要拥有的闪光点，孩子将不自觉地朝着这个理想目标努力。在孩子追寻自己的身份时,真实和想象总是交织在一起。

所有人际关系都有助于我们在一生中构建自己的身份,即使我们的第一段人际关系,即与父母的关系,有时是最令人难以承受的。孩子在父母身边甚至是大的家族环境中成长,这是他们继续构建身份的基础。在认识到自己有独立的身份之后,孩子通过和与其紧密而无条件依赖的环境融为一体,从独有的原发性自恋(narcissisme primaire 以自我为中心)中脱离了出来。

为了实现自我构建,孩子必须了解一些基本的概念,比如道德良知、禁忌避讳和自尊自爱。这些概念显然是从父母身上学习整合而得来的。这样孩子就会接受父母身份结构的影响。这种学习机制之所以成为可能,是因为对父母的认同机制和在恋母期经历的超我(Surmoi)的约束已经共存。孩子身上已经具备了崇高的道德准则,这就划定了一个由禁止、责备、惩罚……组成的世界,他会遵守这些道德准则以规范自身的行为。

更确切地说，孩子构建了一种自己的人格，这种人格与其父母或者在其父母缺席或已故的情况下的替代人物的人格达到了完全或部分一致。孩子必须符合父母强加于他的自我理想（Idéal du Moi），这样他才能保留住父母的爱并且不害怕落到被抛弃的下场。这发生的一切有点像孩子先经历了"你必须成为像你父亲或母亲一样的人"的第一阶段，然后在结束恋母情结后经历了"你不能成为像你父亲或母亲一样的人，你不能做你父亲和母亲所做过的事"的第二阶段。

孩子要经历这种迫使他与父母完全相同的爱的两难境地。为了保留住父母的爱、为了生存，他必须像他们一样。在某种程度上，即使孩子构建了自己的身份，他也别无选择，只能选择隐藏其中的一部分以免被抛弃。

因此，一旦他学会了说话，他就得说他父母想听的东西。另一方面，他的潜意识知道他自己是谁，以及他需要重新找到和表达哪些部分，这样他才不会陷入虚假身份的谎言中。

语言学习

儿童的语言发育是一个漫长的过程,也是一个基本的阶段。孩子离开了一个没有语言的原始"动物"世界,踏入了人类的世界,他可以在自己的宇宙中与他人往来相处。正是借助言语、举止并得益于姓名的存在,儿童才能够表达出自己是谁以及想要什么。

语言规则对孩子来说很复杂。有必要将语言与智力还有情感联系起来。学习不仅仅是智力问题,情感关系在其中也起着重要作用。因此,一个被忽视的孩子比一个被鼓励和疼爱的孩子更容易出现语言缺陷。父母和婴儿之间的第一次交流是基于家庭身份的整合:一个名字,第一个"我""爸爸""妈妈"或者还有微笑。

学习语言的动力还取决于孩子对复制、模仿和重复其父母所说的话的欲望。模仿范例以及对身份认同的渴望是学习过程的一部分。

继哭喊声、牙牙学语声（约2至3个月）、第一个发音清晰的词（约1岁）、第一个说出的词句（约2岁）之后，有意识的"我"，即需要被承认身份的当事人，直到3岁左右才能得到认同。所以言语和语言最终成为孩子确认自己存在的一种方式。

在2至3岁的肛欲期，孩子经常对父母说"不"，即使他的想法并非如此。在这一阶段，他必须放弃使用尿布，要学会控制自己的括约肌。与此同时，由于父母希望他保持清洁，所以他体验到了支配父母带来的快乐。于是，父母和孩子之间出现了力量的制衡：孩子意识到他并非只能服从于父母。他还不知道如何利用谎言来达到自己的目的，但他有肯定和维护自我身份的意愿。

从这个年龄段开始，孩子会体验到他的内心世界和外部世界的情况，并且更加清楚地认识到事物和物体的真实性。他开始意识到，他可以表达自己的感受，也可以选择保持沉默。他对自己的身份和隐私的掌握度越高，就越有可能选择去宣扬它，或者相反地隐藏身份以保护自己。

在成长的过程中，孩子在自己的行为和他人的行为之间、在自己的行为和影响之间建立了因果关系。因此为了保持安全感以及避免不愉快的经历，例如自己想象中的被父母抛弃，他养成了一种社会行为方式。他的许多举止行为、大部分语言输出仍然取决于其父母的态度和期望（社会、教育、文化……），由他们的思维方式和禁令规则所决定。因为孩子的自我只能屈从于所宣扬的理想。

我们不会在学会说话后立即说谎。谎言会出现在将身份、情感和社会联系起来的第一次互动中。

更确切地说，是所有与他人建立的人际关系中存在的情感利害关系，为说谎创造了空间，因为我们是如此地需要感受到他人对我们的爱。以致我们的真实身份被剥夺。上述概念非常理论化，无疑是难以理解的。但毫无疑问，我们有必要知道，孩子在无法掌握来龙去脉的情况下，感觉到了谎言存在于这个将他与他人联系在一起的空间中，而没有怀疑他尚未完全构建的身份是否是他想要维持的自我理想的一部分。

这种与谎言的接触是非自愿的。孩子完全就是受害者。只有等到孩子要直面自己的欲望和被明令禁止的事情，对他来说并不陌生的说谎才会变成自愿行为，并且还十分有必要。

从孩子口中听不到真相

尽管我们想象中认为男孩更经常说谎,但其实女孩和男孩说谎所占的比例并没有明显的差异。

但是,女孩相对于男孩说谎的程度较轻,因为她们害怕伤害到与自己亲近的人。这更可能是与后天形成的情感上的特征有关,而非生来自愿的行为表现。

一个著名的实验——禁止拿糖果的测试,就很好地展现了谎言是如何产生的。把一个孩子和他的父亲或母亲安置在同一个房间内。在某一时刻,他的父亲或母亲就假装要出去,并且嘱咐孩子禁止看和触摸放在旁边桌子上的糖果。实验发起者就在有色玻璃后面观察孩子的一举一动。

实验中3至6岁的孩子全部都看过糖果,而且大部分孩子还吃下了糖果。有70%的3岁孩子会对回到房间的父母说实话,承认自己看了甚至吃了糖果。

事实上,在3至4岁左右,儿童即使开始张口说话,即使渐渐脱离他人的束缚,即使认为所有人(尤其是其父母)都知道其所感、所做、所想,他们还是开始要捍卫自己的身份并表达自己难以压制的欲望。但他说谎主要是为了不让大人失望。

虽然他们说谎的次数可能不多,但这让我们意识到一方面谎言与言语之间存在联系,另一方面说谎与儿童对自己身份的关注有关。更具体地说就是,他捍卫自己的身份,反对父母所倡导的自我理想。他希望首先维护自己的良好形象。即使要说谎。

我们必须要知道,在心理层面上,孩子在6至7岁之前是无法区分寓言和谎言的。他们会忘记自己认为无关紧要的谎言。我们即将在下文中看到,他们的思维方式受到童话和传说的影响,而他们正是在这种神奇的思维方式指导下、在想象和现实之间界线不明的世界中成长的。

而从7岁，即所谓的"理性"年龄起，孩子便开始逐渐掌握更精妙的隐瞒技能。他们开始明白谎言及说谎的后果是什么，刚刚产生的道德感使他分清了谎言和现实。他知道调整自己的话语（内容、语调……）不是为了变成一个说谎者，而是为了不伤害他人，因为他没有兑现对家长许下的成为一个无可指责的完美孩子的承诺。

随着时间的推移，谎言的漏洞会越来越少，编织的理由会渐渐丰富。一项研究表明，6至8岁的儿童中有60%偶尔说谎，20%经常说谎[1]。

年幼的孩子说谎是因为他们认为只有符合大人的意愿，他们才会被接受而不被抛弃。这对于他们来说是一个生存问题。他们害怕被抛弃。

通过研究儿童的成长及其说谎的方式，我们发现，儿童必须有移情能力，即感受其周围情绪的能

---

[1] 奥布龙（V. Aubron）等，《儿童的谎言和谎言癖：一种心理发育的方式》，载于《医学心理学年鉴》，2007年。

力，才能说谎，在被欺骗对象面前掩盖或伪装自己的行为和想法。简而言之，孩子会根据自己的欲望、恐惧、挫折等来组织自己的说谎内容，以维护与他人的关系：保护自己，也保护他人。

面对有时难以适应的残酷世界，面对可能不知道如何处理的现实或事件，孩子在生活中说的大多数谎都是为了保护自己以及所爱的人的身心不受伤害。

因此，孩子说谎有两个原因：

◆ 一方面，他说谎是为了符合父母的理想（如果违反了禁令，他会按照父母的想法说话，希望能够逃避惩罚）；

◆ 另一方面，他确认自己的身份并发现自己可以支配父母。

保护或认同身份的问题是很早就受到谎言影响的儿童说谎的催化剂之一。谎言是在多次自我肯定的尝试中所产生的。

> 皮埃尔-让7岁了。他的运动机能和智力发育都没有问题……只是他说谎的次数却越来越多。他最近指责他的一个叔叔虐待他（这个叔叔会让他躺到地上，然后用脚狠狠地踩住他，让他闻他的袜子），这个谎言让除了他的父母之外的全家人都很担心。他向父母说了这件事，并且他们也相信了他，虽然这个叔叔从未与孩子单独相处过片刻。尽管他的弟弟向全家人转述了这件事，并作证说那天什么事情都没有发生，但是这个孩子还是一直坚持自己的说法（不过关于事件发生的地点在其多次叙述中略有不同）。

即使孩子在这个年龄段编造故事很常见，但父母对孩子编造谎言这一行为教育的缺失也引发了一些问题。是什么促使一个7岁的孩子撒这样的谎，而且即便谎言已经被拆穿还要坚持自己的说法？为什么他的父母，特别是本身自己就是一个说谎者的父亲，会相信他并让他一直处在一个谎言的世界？这件事本可以在法庭上做个了断。这个男孩只是想通过说明自己是个像父亲一样的说谎者来符合父亲的理想吗？尤其是在皮埃尔很小的时候，父亲给他讲《彼得和狼》的故事时，他就非常不安……也许是因为他们的名字（Pierre）一样❶……或者是有其他原因。

我并不是想表达我们不应该相信孩子。有多少法庭案件都在提醒我们必须倾听孩子的心声。孩子的言语有待解读的意义，因为言语在他们眼中有重要的象征意义。对于说不清楚的东西，他们会采用不同的方式来表达，有时是迂回的方式，有时甚至是暴力的方式。

孩子的谎言总是会引发对话。我们应将说谎视为一种正常现象，但是不能极为频繁地说谎，不能把谎

---

❶ 法语名字"Pierre"可译为皮埃尔或彼得，两者皆可。——编者注

言作为推进个人社会化进程的积极工具来使用。为避免让孩子觉得说谎很实用，所有的父母都必须界定一个对谎言的容忍限度，否则他们就有可能将说谎作为逃避惩罚的全能操纵武器来使用。

在从父母管束中逃脱出来的过程中，在尝试凸显个性化的过程中，孩子也不应该将说谎的目的与得到的好处联系起来。

谎言有助于个性化发展

我们是否需要担心谎言对孩子自我构建的影响？孩子是否会在一个只有谎言的世界里开启某种形式的自我监禁？

一些心理治疗师认为，说谎的孩子，除了我将会在后面分析到的心理病理学方面外，还可能通过逆转被父母操纵的感觉，在支配他人的行为中渐渐感到享受。这是一种认同侵略者的防御机制。然而，绝大多数的谎言主要还是为了保护自我免受他人的注视，满足正常生活需求，就像下文中凯茜的情况一样。

12岁时，凯茜开始上初中一年级。校长让孩子们填写自我介绍表。一位课程老师看到凯

茜的表格上"父亲的职业"一栏空着,就在讲台上询问她没写的原因,凯茜透露到自己没有父亲。然后全班的目光都聚焦在她的"特殊之处"上,这让她感到害怕,特别是老师又更深入地提出问题,要求她告诉同学们其父亲是何时以及怎样去世的。在接下来的课上,凯茜都谎填了父亲的职业。多年来,凯茜用谎言编织了一个经常出国在外的父亲的形象,从而为他人没有见到其父亲找理由。不仅在学校中说谎,在朋友面前、在后来的工作中都是如此……凯茜仍然深深地被这一让她感到羞辱的经历所伤害。她感到这是一种"非正常"的耻辱,甚至是"终生残疾"。这也使得她为父亲哀悼的过程更加复杂。面对他人的目光,她没有找到任何其他的保护机制来治愈自我,自那次事件发生以来,她一直深受打击。

同样,在暴力环境中(例如,一个酗酒的父亲有时会殴打其妻子和孩子的家庭环境），为了保持心灵不受伤害，孩子除了将否认作为一种防御机制外别无选择。在这种情况下的否认其实就是对自己说谎。之后，当孩子成长为青少年或年轻的成年人时，他将能够清理这段过去（无论是否有精神分析医生的帮助），即使这段无法忍受的现实的喷涌而来会给他带来直到那时一直埋藏在记忆深处的那份痛苦。

的确，现实有时对一个孩子来说是无法忍受、承受或接受的，所以他们会恰当地用谎言来保护自己。但在青春期或成年后，当真实回忆涌入心头时，他们可能就会有患抑郁症和代偿失调的风险。

说谎是我们的心理能够启动的防御机制的一部分（否认现实、不承认……），但是不能轻易就说谎。我们要明白，孩子从出生起就在想象和现实之间摇摆不定，但必须要走向现实。接受现实是构建一个坚实自我的唯一保证，不受思想、行为、欲望的影响，触碰到我们的真实本质。

简而言之，我们说的某些谎言有助于自我的个性化发展，我们在保持对自我的清醒认识下，想要继续努力构建自我，因此可以戴上社会人格面具。

但是，"并不是每件事都适合随时以任何方式对任何人说！"

一个处于和平状态、能与自己和谐相处的人能够大致对外展现自己真实的面貌。

这并不是向他人展示他们希望我们成为的样子。这是一个在相互信任的基础上，对自己和自己的信念保持忠诚的问题。谎言、真相、现实、幻想、想象、真实……我们都沉浸在这些宇宙中，并或多或少有意识地参与在其中。同甘共苦。

谎言的影响：有助于成长的寓言故事

孩子的世界充满了他们自己创造的幻想，成人则不断滋养着这些幻想。童话故事和传说的清单很长。谁没有读了再读《小拇指》(*Le Petit Poucet*)、《白雪公主和七个小矮人》(*Blanche-Neige et les Sept Nains*)、《灰姑娘》(*Cendrillon*)呢？各种各样的巨人、精灵和仙女真是不胜枚举。

孩子知道寓言和童话故事是写在书中或出现在电影屏幕上的，它们是受到空间限制的。夜幕降临，父母会给孩子讲睡前故事，他的梦幻世界就开启了，第二天早上，他会给父母讲述一系列的故事，一个比一个更令人惊奇不已。而且孩子倾向于将故事描述得比他在夜里梦到的更夸张。

从很小的时候，孩子就能开始编造故事，并向他周围不容易受骗的人讲述这些故事。一些发生在他自己和其想象中的伙伴们身上的非同寻常的故事……通过这种方式，孩子表达出了他的幻想、他对宏伟和抽象的渴望，同时也逃离了有时难以接受和适应的现实。然而，在现实生活中，孩子要等到6至7岁时才能区分开寓言和现实。

童话故事和传说在构建心理、疏导焦虑情绪、促进成长发育和培养道德感方面也具有积极作用。林林总总的童话故事和传说涉及到的主题有：与现实原则相对立的快乐原则（《三只小猪》*Les Trois Petits Cochons*）、自爱（《丑小鸭》*Le Vilain Petit Canard*）……

通过讲述圣诞老人的故事和从罗马传来的复活节钟声，父母也参与到这个世界性的谎言中，但这有错吗？我们是否应该停止讲述牙仙子晚上会把枕头下掉落的牙取走，并留下一枚硬币的故事？当孩子在城市的街道上看到太多的红帽子后开始提出疑问时，或者当他们能够质疑在一个晚上向世界上所有孩子分发礼物是否可能实现时,所有这些虚构的故事随着时间的推移都被他们逐一识破。

童话故事的内容非常丰富,有时也会有一些相当残酷的故事,儿童可以根据自己的年龄和智力发育程度,按照自己的节奏来理解故事内容。童话故事帮助孩子逐渐树立道德观。拉封丹(La Fontaine)写的寓言故事就像大人的教育话语一样具有教育意义,但因其呈现方式不同而显得比较柔和:动物形象,一个与人类世界全然不同的童话世界。

其中一个关于说谎最著名的故事是由卡洛·科洛迪于19世纪撰写的匹诺曹的故事[1]。杰佩托居住在意大利的托斯卡纳地区,是一个膝下无子女的玩具匠,他雕刻了一个小木偶,并给它取名叫匹诺曹。蓝仙女满足了杰佩托的愿望,使匹诺曹拥有了像正常孩子一

---

[1] 卡洛·科洛迪(Carlo Collodi),《木偶奇遇记》(*Les Aventures de Pinocchio*),伽利玛少儿出版社(Gallimard Jeunesse),2005。

样生活、说话和行动的能力。匹诺曹与蟋蟀吉米尼一起经历了许多次冒险，使整个故事中充满了大量的隐喻以及对合理生活的责任和必要性的思考。蓝仙女经常来帮助天真、笨拙、非肉身的匹诺曹，她答应如果匹诺曹能证明自己有资格成为一个活生生的孩子，就会帮他实现愿望。故事中一个著名的情节是匹诺曹每说一次谎，他的鼻子就会随之变长。另一个情节是他变成了一头驴。匹诺曹最终以牺牲自己的生命为代价救出了困在鲸鱼腹中的父亲。蓝仙子随后介入，把匹诺曹变成了一个真正的小男孩，他堪称模范的行为证明了他是有这一资格的。

这个寓言故事存在于我们的集体无意识中，铭刻在西方的文化遗产中，具有启蒙意义。小小的无生命物体（非生物）必须面对各种考验，抵制层层诱惑，才能从一个类似于动物的物体变成一个真正的人，一个对自己的行为完全有意识的生命体。在这一转变的过程中，他得到了一个精灵的指导和帮助，为他指明了责任的道路（蓝仙女）。他还非常认真地倾听了他的良知的声音（蟋蟀吉米尼）。这个故事谴责了懒惰，指责了说谎。

毫无疑问，是这个故事中最著名的两个场景催生了所有父母会对他们的孩子说的两个威胁性谎言："如果你说谎，你的鼻子会变长！"和"如果你在学校表现不好，你的耳朵会长得像驴子的耳朵一样长！"

许多年来，匹诺曹的故事向我们展示了如何利用谎言来找到说谎者。另外，为了知道真相而宣扬虚假，是成年人经常编造的谎言：那么这就是通过使用与说谎者相同的武器来戳穿他。

谎言在用于教育儿童时，会对他们产生有利影响。

孩子能理解其出生起源吗？我们应该实话告诉他们是如何出生的，还是应该优先选择给他们讲鹳鸟送子的故事，或者小女孩出生在玫瑰花里而小男孩出生在卷心菜里的故事？童话、寓言和传说帮助孩子步入现实世界，而他们只能随着年龄的增长而渐渐地认清这个世界。

奇怪的是，孩子们想要知道他们被怀上的秘密。尤其是因为他们需要对自己来到这个世界的欲望和爱的条件感到放心。其实小男孩和小女孩很早就在幼儿园的公共浴室或"禁忌游戏"中了解到了男女之间的性别差异，这种差异唤醒了他们对有时与之紧密相关但让父母不知所措的问题的意识。然后即使在知道真相以及父母的回答可能是谎言的情况下，他们还是会选择接受。

因此，无数的存在主义和形而上学的问题催生了善意的谎言。对于智力不成熟、无法理解成人世界现实的孩子，父母无力向其提供真正的答案。另外，只要看看关于死亡和如厕训练的书籍就会清楚了，出于解释的目的，这些书籍将孩子带入到一个通常以动物为中心的世界里，用适合其年龄的语言和图画来解释困难的主题。

因此，当我们被迫推迟告诉孩子其无法领会或理解的答案时，谎言可以帮助并保护他们。孩子能责怪大人吗？是在什么情况下？

当必须摘下面具时

虽然用谎言来保护孩子免受过于痛苦的现实的伤害是可以接受的,但不应该将说谎轻描淡写,或使其成为常态。说谎不应成为人际交往中的原则。

当一个儿童、青少年或成年人事后很久才发现自己被欺骗时,他们会作何反应?

在我的职业生涯中,我遇到过许多在父亲或母亲去世后承受丧亲之痛的消防员家庭[1]。在某些情况下,向孩子详细解释其父母是如何死亡的(葬身火海、溺水……或自杀)可能比起隐瞒更令其痛苦。因此,我

---

[1] 自1926年以来,法国孤儿院和消防员互助基金会一直面临着因公殉职、因私死亡以及越来越多的自杀事件。

倾向于建议将详细的解释和答案推迟到孩子长大后可以理解的情况下再告诉他们。

事实上，家庭成员的去世对整个家庭系统的影响已经相当复杂，主要是因为在孩子（和家人）的心中，消防员会在拯救他人时丧生，但也因为消防员一直是普通民众心目中的英雄（消防员是法国人最崇敬的职业）。

> 15岁的路易丝（Louise）几个月来一直在反复做同一个噩梦：她看到一所房子着火，她的父亲被困在里面。事实上，路易丝在5岁时就失去了父亲。她的母亲和家人当时想保护她，不让她知道其父亲死亡的真正原因，所以他们从未提及夺走其父亲生命的火灾和坍塌的屋顶。

当得知死亡消息时，我们的心理会建立起防御机制，以保护我们不会被过于强烈的情绪冲击所击垮。因此，路易丝母亲向小女孩编织了关于其父亲去世的另一种说法，这一做法帮助了路易丝否认现实以试图重构自我，没有人可以为此责怪其母亲。

这其实还存在无意识中的信息获取，而且被压制的记忆会在几年后如实浮现在脑海中。另外这个女孩其实知道真相。她很可能在无意中听到了一些话，或者察觉到部分真相被掩盖了。由于小女孩做噩梦的次数过多，她的母亲在我的建议下，把一本关于她父亲的相册"不经意地"留在家里。这个寻求真相的孩子在母亲面前翻开了相册，问了几个关于她父亲的无关紧要的问题……然后他们最终讨论到了其父亲死亡的真正原因，这可以说是把路易丝从一个烦扰了她很多个夜晚的梦境中解救了出来。她的梦境其实说明了事情的真相就存在于其意识的前厅，即前意识（le préconscient）中，而且只有那个对其"说谎"的人才能让其真正意识到事情的真相如何。这位母亲担心女儿得知真相后会在脑海中构想出其父亲的尸体。在这次关于真相的交谈中，路易丝释放了一些情绪，她感谢母亲向她吐露实情，并表示完全理解她当时隐瞒的动机。

我们都经常担心孩子是否有接受、聆听和消化真相的能力。成人有保护儿童的义务。因为对于有些事物和事件，孩子还没有成熟到可以接受它们的程度，虽然这样说忽略了孩子的洞察力和他们保持自我构建动力的惊人能力，但事实的确如此。成年人自己也经常面临着痛苦和创伤。死亡和死亡的原因就是一个例子，因为孩子只有在10至12岁左右才能够意识到死亡的不可逆转性及其发生原因。

并非所有事情都能以任何方式、在任何时间告诉任何人。但是，在关键时刻说出真相是很有必要的，而这个关键时刻是他人间接促成的，我们必须察觉并预测到。的确，一切都是谎言，但我们要摆脱谎言的束缚，这意味着要得到被欺骗的人的宽恕，最重要的是要原谅自己说谎。这是一种寻找自我的方式，不要使存在的谎言成为第三方分离者。

28岁的让-保罗前来咨询关系问题。他感到自己不断需要从朋友和恋人那里获得感情上的安全感。他的要求令人窒息，以至于他都扮演起了变色龙，无条件地取悦遇到的每个人。他被许多焦虑所困扰：害怕被抛弃，害怕被欺骗……在他的人生中，其父亲是个说谎者，许下的承诺从未兑现（假期去海岛旅行、去电影院或动物园），就连送给他的玩具最后也被发现是偷来的……父亲还嗜赌如命，在离婚前把夫妻二人的钱财都挥霍一空。

让-保罗的身份构建因此被削弱了。的确，他在身份认同的过程中经历了童年的所有痛苦，一直被象征性地杀死父亲的想法所困扰，其亲生父亲的形象与仁慈的、竭力保护孩子的继父的形象截然相反。他经历了秉持快乐原则的生父与将其带回到现实原则的继父之间的巨大差异。

作为一个孩子，他不得不适应这个充满谎言（其表现形式有言语、行动、举止）的世界。成年后，他会质疑一切，对自己的感情和他人的诚意都不确定。在对其进行精神分析之初，让-保罗认为世界似乎是假的、是虚构的、是不真诚的。他完全错了吗？这难道不是我们世界的一面吗？

世上一切皆是喜剧、模仿、谎言、伪装。

即兴喜剧（La commedia dell'arte）自16世纪以来就一直是由戴着面具的演员来展现生活场景的演出。仆人阿莱奇诺、仆人哥伦比那、丑角（Pagliaccio）、军官卡皮塔诺、仆人普尔奇内拉都是即兴喜剧中角色的类型，他们在剧团中不是按照固定的剧本进行表演，而是根据表演现场实时情况和情绪来创作不断变幻的舞台。

直到十八世纪卡洛·哥尔多尼的改革，这些角色才逐渐摘下面具，扮演好剧本中的角色，有了更鲜明的个性。

精神分析学家卡尔·古斯塔夫·荣格提出了"人格面具"（persona）理论，它最初指的是喜剧演员在舞台上所佩戴的面具。据荣格的说法，"人格面具"是我们在社会中所佩戴的面具，即我们想让自己对外展示出的形象，在这副面具下我们建立了社会关系

（友情、职场关系、爱情）。他写道："人格面具指的是某个人自己和其他人都认同的他的形象，然而这并不是他实际的样貌。"

仿佛我们都趋向于一个正常的状态，以便更好地立足于社会。

这种"人格面具"既不可或缺，又危机四伏：我们很容易认同于自己所扮演的角色，如果我们的自我构建得不牢固，就有可能会有失去自己身份的风险❶。

谎言与我们的心理构建是平行的。它与我们的身份相联系。

我们都知道了说谎的用处，都能够通过语言和行为来说谎，但说谎的限度究竟是什么？

我们是否完全清楚我们说谎的目的是什么？在什么时候我们会把说谎与背叛、欺骗或操纵混为一谈？

---

❶ 可以参考英格玛·伯格曼（Ingmar Bergman）的电影《假面》（Persona）：一位女演员在戏剧表演中突然变得沉默。在一位健谈的护士的照顾下，女演员通过将自己的人格与护士的人格相融合而康复起来，而护士却成为了身份危机的受害者。

COMMENT COMPRENONS-NOUS LES MENSONGES?

Partie II
不同面孔的说谎者

生活中不断更换面具的我们,
是否真的了解过面具出现的时机和
价值?它为何存在?又为谁存在?

I 谎言下的面具

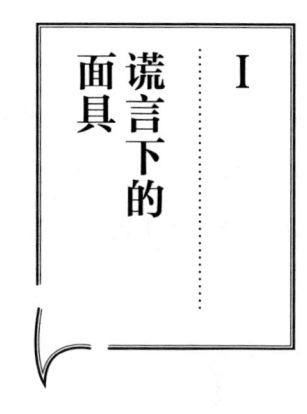

我们都说过什么谎以及说谎的目的是什么？说谎无关年龄、不分性别，谎言贯穿一生、形式多样。讨父母的欢心、社会的虚伪、家庭的秘密、精心巧妙编写的简历、进行整容手术……所有这些掩盖现实的形式有什么共同点？

益普索民意调查机构（l'institut de sondage Ipsos）的一项研究（2002年）显示，55%的法国成年人认为，说谎应该被定性为一项大罪。然而，我们每个人平均每天都要说两次谎……我们是否倾向于不顾事实而选择说谎？

这部分的重点不是要对说谎者进行清点，也不是要谴责这类或那类的说谎者。毕竟，我们都有充分的说谎理由——至少，我们找到了一些。在下一部分详细介绍三大类谎言之前，让我们先来看看主要的说谎者。

儿童

不管怎么想，儿童都不是最好的说谎者，尽管他们在谎言的创造力、独创性和说谎次数方面数一数二。

正如我们在第一部分所看到的，孩子需要给自己讲故事。因为混淆了现实和想象，谎言成为其精神世界的一部分。他不仅给自己讲故事，也给他人讲：成年人，尤其他的父母，是他最好的听众。孩子通过讲述离奇但尚合乎情理的故事能够展示出他的聪明才智、丰富想象力和对语言的准确运用，他很快就发现父母往往被他的这些能力所吸引，因此，他就会寻找说谎的动机和理由。

孩子从内心深处体会到了多说谎是很有必要的，特别是当他意识到说谎可以欺骗父母、避免受到惩罚，从而为他开辟了一个享受自由、违抗禁令的空间。

当父母其中一方强行要求孩子说谎或保密时，例如在父母处于离婚诉讼阶段或已经离婚的时候，孩子能做什么？在这种情况下，孩子就被置于监护权争夺战的中心。受到情感要挟的束缚，他将抵制父母和法官提出的问题。说谎？保持沉默？歪曲现实？说谎与隐瞒事实、话语或情感之间的界限对孩子来说是非常不牢固的。该如何掩盖事实？

这种情况有可能使秘密而非谎言得到加固，成为对抗成人世界和社会的最佳壁垒。成年后的孩子也会因此了解到，谈论自己是危险的。如果孩子自认为自己的话语可以用来欺骗自己或所爱的人（父亲、母亲），那么他们成年后很可能变得吝惜自己的话语。这也造就了一些未来的演员，他们被期望有很好的演技，但最重要的是只说背过的台词。

从本质上讲，大多数儿童说谎主要是为了逃避惩罚。此外，孩子年龄越大，他就越能在口头说谎时再附上具有欺骗性的行为举止，比如用手势表达或模仿，以使其陈述显得更加可信。

青少年

青少年则更多地是通过说谎来保护自己的个性及其小宇宙。例如，他们会为了保护有可能被训斥的朋友而说谎——这是与他们的年龄段相符的道德价值观，或者只是为了融入一个团体。这也是一个对父母的话语提出质疑的年龄阶段。

青春期是一个重要的发育阶段，是身体和心理转变的阶段，这些变化会促使青少年对他人说谎、对自己说谎，并且不一定会接受和认可他人告知他的真相。在寻求解放和追求个性的过程中，为了保护自己创造的个人世界，青少年除了自己身处危机中并使其周围的人也陷入危机外别无选择。

这种冲突模式反映了一个青少年内心深处的煎熬

和日常经历的痛苦,他既想摆脱父母倡导的价值观,证明自己可以在一个由自己选定的物体和人组成的新世界中独立生活,同时又想保持对他们的依赖,因为他主要需要在经济上依赖他们。这就是为什么亲子之间的对话和交流会立即变得复杂和紧张。

谎言和秘密都是青少年用来挑衅父母的武器,象征性地向他们表明他想要独立。

新的相识和结交,不顾宵禁的外出和聚会,第一支烟和第一杯酒,甚至更糟……青春期的世界相对于童年来说,就像20世纪20年代的芝加哥相对于《儿童岛》(*l' Ile aux enfants*)❶一样,在有时迷茫无助并惊慌失措的父母眼里,这是一种他们可能会认同的对比方式。

青少年会歪曲事实真相,为了获得他想要的东西,或者像儿童说谎的目的一样,为了逃避惩罚。他

---

❶ 《儿童岛》是法国的一个青少年电视节目,自1974年开始播出,于1983年停播,共有968集,每集20分钟。——译者注

也有可能将说谎作为一种存在模式。说谎是为了保护自己的隐私,也是为了向其父母、家人、甚至朋友隐藏其本身的一部分,即一部分自我,因为他认为自我的这一部分是不可告人的、可耻的、应禁止谈论的。仿佛他被一种恐惧所控制,使他无法展现真实的自我。因此,重要的是要知道是否是其父母教他要向他人隐藏自我的一部分,又或者是否是他在和自己玩这种捉迷藏的游戏。同样还要弄清楚他是否能接受自己的阴暗面。

然而,如果谎言和秘密打破了父母和青少年之间的关系模式,那就要创造一种新的互动形式和对话模式。父母和青少年必须试着去互相理解对方,明白他们之间存在代际差异。青少年正在走出童年阶段,但也仍然被成人世界所困扰,他继续通过儿童和青年的双重视角来观察这个世界。青少年和儿童阶段一样,会逐渐脱离父母。为了摆脱婴儿和母亲之间最后残余的融合状态,青少年会不自觉地反抗这种亲近以及过去的亲密关系,拒绝这种他曾亲身体会过的并认为仍然存在于自己体内的与母亲的身心结合。这就是每个青少年或年轻人都有权保留的秘密和获得的自由。

相较于童年时期的苦恼，青春期的苦恼会更强烈地召唤谎言、秘密和真相的出现，因为青春期是一个关于揭示、接受和肯定自己身份的阶段。

这个阶段的暴力程度会减弱，因为孩子已经清楚地知道说谎可以保护自己。或许，分析并理解父母如何用谎言避免冲突会对他们有所帮助。

青少年需要成年人和他们的父母给予他们极大的关注、高度的警惕和积极的倾听……并要有很强的质疑、了解和理解多年积累经验的意义的能力。

青春期是决定未来成人后身份的一个阶段。这是一个可能重新掌握自己已经被揭示的身份的时期。在这一个阶段，我们既不再是孩子，也还尚未成人，我们可以把自己锁在对他人或自己的谎言中，或者把谎言放入工具箱中。

成年人

成年后并不会停止说谎……我们在父母与子女之间的关系中已经提到了这一点。

我们最常对谁说谎？根据益普索的调查研究，我们在与父母的相处交流过程中是最容易说谎的。

让我们分析一下所提出的几个问题的回答情况。

你最常对谁说谎？

毫无疑问，起初的亲子互动以及对父母的情结，即孩子想在父母面前保持一个良好的形象、一个父母想看到的理想化形象，都迫使我们说谎。因此，从结构上讲，我们更倾向于对父母说谎。

	第一选择	第二选择	总计
父母	16%	9%	25%
朋友	13%	9%	22%
工作同事	8%	8%	16%
伴侣	10%	5%	15%
孩子	8%	5%	13%
老板	7%	4%	11%
恋人	2%	2%	4%

研究还显示，父母对子女说谎的次数是子女对父母说谎次数的一半！父母当然不想把说谎作为和睦相处的方式，所以说谎仍然被父母认为是一个坏毛病。

我们如何向父母解释这些谎言？孩子与成人的界限并没有那么简单。即使我们长大了，我们仍然还是父母的孩子。有多少孩子或成人想要通过隐瞒丢失工作、经济困难或健康问题而不使父母担心？他们认为，最好压制某些想法和分歧，以免重蹈我们在青少年时期所经历的痛苦冲突的覆辙。因为我们所经历的青春期是一个要求承认和肯定我们身份的时期，也是一个从父母和家庭结构中脱离出来进行社会性构建的时期。

社会关系同样也被谎言所"污染"，这似乎是合乎逻辑的。研究表明，我们对朋友和对父母说谎的次数几乎一样多，也许是为了维持关系，以免用伤人的话语破坏关系，或者是为了在他们心中保持我们的良好形象。

恰恰相反，在恋爱关系中，说谎似乎是被禁止的，我们在几乎所有的研究统计中都发现了这一点。

同样地，我们也很少对上级说谎，至少比对我们的同事说得少。因为在与老板相处的过程中，无意识中父母形象的浮现会迫使我们减少说谎……更不用说还怕被解雇了。

更具体地说，我们最常在哪方面说谎？

	是	否	不表态
维护公司利益	21%	72%	7%
找工作	15%	82%	3%
年龄	12%	87%	1%
薪资	9%	87%	6%
观点	7%	87%	6%
婚姻状况	7%	91%	2%
收入申报	6%	90%	4%
新闻	12%	80%	8%

这些结果表明，我们所说的谎言和我们的社会身份之间有着密切的联系。我们与工作的关系是取得成就、获得成功和提高社会地位的因素，所以自然就会使我们歪曲事实。找到一份工作、在公司充分成长、建立良好的人际关系、被同事赞赏，这些都是为获得"有尊严"的社会地位所必需做到的。为了达到这个目的，我们就要做好说一些小谎言的准备。

另外，波士顿大学和芝加哥大学的两项研究发现了一个有趣的现象，那就是男性更多地会谎报自己的工作状况、收入……和身高！而女性则会更多地谎报自己的年龄和体重。

因为人不能独自生活，不能忍受被排斥、被拒绝的感觉，所以任何能让他感到被欣赏和被爱的方式都是好的。

生存和成功都是生活中的挑战，需要我们歪曲事实、利用谎言。

人类渴望得到认可。他必须"照顾"自己的形象，在一个日益不宽容的社会理想中构建形象。

父母

正如我们所看到的,我们与真相、谎言、秘密的关系,一部分是由从我们的幼儿期开始与父母之间的互动决定的。

父母应该一直告诉孩子真相吗?又对又不对!首先,什么是真相?我们能如此轻易地将真相与谎言对立起来吗?我们认为的真相就是现实吗?我们需要对孩子隐瞒什么?

谎言和语言一样,不仅仅限于口头上的。当儿童到了能够理解谎言是什么及说谎目的的年龄,就不会再被对其说谎的父母所欺骗,青少年就更不用说了。

儿童和青少年会询问他们所知道的谎言和秘密的实情是什么。他们这样做是出于好奇心,但也是为了知道答案。因为儿童或青少年会找寻每一件事、每一种行为发生的原因，特别是从那些教育他、教他"正确"行为的人那里了解他们的看法和理解从而获得答案。因此，经常说谎会引发他们的质疑，或者相反，使他们成为谎言的帮凶，这毫不奇怪。他们就这样参与到会促进良好人际关系的谎言中来。

任何心理治疗师都会建议不要对一个要求知道真相的孩子隐瞒真相，因为他这样要求就意味着他已经做好了听取和接受真相的准备。但是在告知真相时，要使用儿童或青少年可以听懂的用词和表达。以一种简单明确的方式，开启对话，促进交流，确保话语被充分理解。分享事实真相只会对青少年有益，他们将不再感到自己幼稚。所以为什么要隐瞒生病或死亡的原因？

显而易见，揭露那些与孩子无关的成年人的隐私行为是没有用的，反而有可能会打扰到孩子，无论如何都会将他们置于一个不属于他们的成人世界。女儿或母亲在咨询过程中说出的秘密通常会被对方听到，这不可避免地会干扰到年轻患者在情感和性方面的发展。我们不要颠倒了角色：建议不是秘密。建议会开启对话，而秘密则迫使没有任何知情想法的人成为证人。青少年会倾向于把自己封闭在一个充满谎言和秘密的世界里，以保护自己免受成人的伤害。

我经常会遇到这样的患者，他们在青少年时期是父母双方中一方谎言的帮凶和知情人。这种与父母融合的方式会导致青少年的分裂，他不明白为什么父母不遵守那些适用于他的规则。青少年因此可能会失去对他人的信任，这也会扰乱他们的情感生活。

这是一些父母与孩子保持融合状态的一种方式吗？这是一种能更好地操纵孩子的方法吗？孩子可能在这种情况下地位凸显了出来，充满了对父母中蒙在鼓里一方（甚至可以说是秘密的受害者）的权力感，从而放大了恋母阶段存在的爱与恨的矛盾情绪。

一切似乎都取决于戴着或不戴着面具的父母。因为通过认同父母来构建自己身份的孩子可以很早就了解到"真实自我"和"虚假自我❶"。在他自己的认知中，他是谁，他又是如何向别人展示自己的？他以后会怎样冒着风险滥用自己的身份呢？

---

❶ 唐纳德·温尼科特（D. Winnicott），《真实与虚假自我间的身份扭曲》（儿童的成熟过程）（*Distorsion du Moi en fonction du vrai et du faux self*(*processus de maturation chez l' enfant*)，帕约出版社（Payot），1970。

伴侣

在益普索的调查研究中，伴侣在我们最常说谎的对象中只排在第四位。谎言确实被认为是使夫妻双方关系岌岌可危的主要因素之一，正如以下问题所示。

你认为以下哪些威胁对夫妻关系的破坏最大？

事件	总计	事件	总计
不忠	49%	开放式婚姻	18%
说谎	43%	在子女教育上的分歧	17%
过度投入工作	31%	姻亲	13%
性生活不和谐	26%	较大的年龄差距	11%
身份地位和学识修养的差距	21%	不育症	9%
生活单调乏味	19%	完全坦诚	9%

由上表可知，除了对另一半不忠（内心的游离）之外，谎言是对伴侣关系破坏性最强的因素。信任是建立真诚关系的必要条件。然而，我们可以发现，非常有趣的一点是，完全坦诚也被看作是对伴侣关系的一种威胁，尽管程度较轻。一般来说，说谎是为了不失去对方。

因此，我们与真相和谎言的关系是矛盾的。一切迹象都表明，说谎在所有的社会和情感关系中都是被接受和默许的。我们难以接受的只是过度说谎。

一段爱情的开始就是由许多谎言搭建起来的。此外，英国的一项研究[1]指出，在吸引阶段，每三次语言交流中就会出现一个谎言。毫无疑问，这一阶段就是容易产生对现实的美化现象。

社会中有真实存在的恋爱市场，那里有很多单身、离异和丧偶的人。他们根据身体状况、社会背景、智力水平等一般标准进行选择和淘汰。从恋爱学

---

[1] 《性研究期刊》(*The Journal of Sex Research*)，40（1）。

的角度来说，职业、年龄等标准会造成不同程度的歧视。

在这一点上，由于社会更容易谴责女性有较多伴侣，所以女性往往会减少性伴侣或生活伴侣的数量。延长上一段感情关系的持续时间似乎也能让那些可能正在寻找一个忠诚的妻子和孩子母亲的男人感到放心。

在交友网站上，谎言尤为常见。置于两个人之间的屏幕提高了面具佩戴的频次、加剧了对现实的歪曲。在这些以爱情为目的的对话中，60%的参与者谎报年龄，40%的人谎报出身，5%的人谎报性别！让自己显得更年轻（通过照片、登记的年龄），或者在第一次见面时就说出自己的真实年龄，都已成为正常现象。

在法国社会中，半数情侣在恋爱六年后分手，一半的巴黎人处于单身或离婚状态，互联网是第二大约会场所，一切恋爱手段在互联网上都是可行的！这一切似乎都成体系了，每个人都在玩着谎言的游戏。

要想使伴侣关系长久就意味着必须要断然谴责谎言……或者至少是让谎言不被识破。然而，我们无法想象一对伴侣在相处之中从未说过谎。

在夫妻之间，说谎是不可原谅的，如果是在个人生活方面说谎，或者在没有考虑到对方的情况下把对方置于危险之中，最终就会导致离婚。

> 28岁的弗洛朗斯在市政厅与29岁的乔纳森结了婚。在宗教婚礼前的一周，她在整理公寓里的各种文件时发现，她的丈夫不仅已经被解雇六个月了（还每天都在思考新的谋生办法），而且还利用伪造的文件办理了几笔涉及她和家人的贷款。在一场有近五百人参加的世俗婚礼上，我们该如何看待这对新人的结合？是否取消婚礼让人左右为难。我们进行了紧急磋商来商讨这个问题，揭示了乔纳森都说过哪些谎，可能的说谎动机，以及可能出现的结果，比如重获信任……婚礼最终如期举行了。

是什么促使乔纳森说谎？他对弗洛朗斯的感情，社会和家庭的原因，又或者是心理上的原因，比如自卑感，他在婚礼前几个月被解雇后就陷入了自卑情绪中。

说谎是否就必须要受到谴责？说谎者就应该在公共场所被扔石头吗？

商业中的谎言

从汽车销售员到银行家,从事某些职业的人显然在我们的意识中都是我们可以与之"周旋"的说谎者。一部分边说谎边玩的扑克游戏就这样被社会规范所接受了……就看谁能骗过对方。

谎言无处不在。大量消费者保护协会的存在、向DGCCRF(法国竞争、消费和反欺诈总局)提交的大量投诉、成功解决纠纷的案例,这些都是证明。

比如说广告呢?广告诞生于19世纪30年代,当时工业化飞速发展❶,其目的不仅是让公众了解一个产品或一个行业,而且为了吸引目标(消费者、选

---

❶ 尽管17世纪早期报纸上就出现了商业广告。

民、用户)的注意力,以促使他们采取广告主所期盼的行动(购买、投票)。广告不仅仅用于销售,它还可以促进人道主义协会的发展以及推进文化活动的开展。

我们要指责的是广告"宣传"和操纵性的一面。广告利用社会学、心理学、舆论研究等方面的知识,以便根据预期目标来确定广告话语。

广告将其信息与有可能使我们产生强烈反应的情感载体联系起来。从这个意义上说,我们无意识中会对传播的信息做出反应。仿佛广告把我们带回到一个想象中的世界,一个我们从童年开始就很熟悉的世界。当我们的感官被唤醒时,这种"回归"状态就更容易开启视觉、听觉的辅助作用。广告通过刺激需求来勾起冲动、激发欲望。

精神分析学对广告产生了浓厚的兴趣[1],弗洛伊

---

[1] 赛吉·提赛宏(Serge Tisseron),《图像的精神分析》(*Psychanalyse de l' image*),迪诺出版社(Dunod),2005。

德的一个侄子爱德华·伯尼斯[1]也同样被吸引,他是20世纪20年代广告时代的先驱者之一,尤其是负责制作了第一批香烟广告。

虽然广告受到强烈的批评和抨击,但我们并不会在看到广告后无动于衷,相反它会激起我们的好奇心:它起到了分散注意力、娱乐、刺激的作用。它使广告客户及其受众目标、对象和未来买家成为同谋。伯尼斯清楚,广告通过精心挑选的口号和恰当的设计进入到我们的潜意识,不太会遭到批评,因此我们更容易受其影响。受到广告的刺激,我们会不自觉地倾向于选择商店货架上的特定产品,而非它旁边的同类产品。

最大的广告商自称为大孩子。马赛尔·布勒斯坦-布朗谢[2]的父亲责备他"卖风",他则反驳到,

---

[1] 爱德华·伯尼斯(Edward Bernays),《政治宣传:如何在民主政治中操纵舆论》(*Propaganda: comment manipuler l'opinion en démocratie*),地区出版社(Zones),2007。

[2] 马赛尔·布勒斯坦-布朗谢(Marcel Bleustein-Blanchet),《未来的怀念》(*La Nostalgie du futur*),拉封出版社(Robert Laffont),1976。

广告可以"转动不止一辆风车"。

广告，更广泛地说，商业，难道不就是针对源自我们童年时期的精神部分和无意识部分吗？在这一部分，想象和真实一起占据了主导地位。出售给我们的商品可能会把我们带回到哪种无意识的力量，哪样未满足的欲望，以及何种自恋的渴望？

广告并不是商界中存在谎言的唯一领域。越来越多的公司正在出售他们所谓的"个人"服务，来使我们做梦幻想。其中一些助梦商人自称是教我们如何生活、吸引他人和包装自己的教练：如何学会吸引他人，如何变得有魅力，如何通过改变外表来取悦他人？这与心理学领域之间有时界限并不十分明确。

这种服务原则又把我们带回到镜子前：我是如何看待和认知自己的？别人是怎样看待和评价我的？此类服务工具可能有用，也可能具有破坏性。的确，这种服务可以让我们正视自我的欺骗，以及我们不接受和隐藏的部分自我；但它也会使我们伪装起自己的身份以符合当下的时尚和美丽标准。骗人又骗己。

这不是一个拒绝时尚、拒绝诱惑的问题：我们需要取悦他人。我们需要爱自己并被爱。但是，面对一个脆弱的、自恋程度不够强、有些自卑、有可能扮演变色龙的自我，不去发现自己隐藏起来的以及被教育和文化所排斥的部分，还能怎么办呢……我们必须接触自我，才能让他鲜活起来、坚守本真。

同样，如果不批评整容手术，这难道不就成了支持自欺欺人了吗？我们不是在否认衰老吗？当然，照顾好自己、保养好身体，是很重要的。但是，我们是否必须要通过说谎才能继续吸引他人，才能感受到自己的魅力，才能做到爱自己并获得爱？

人不能独自生活。化妆品、抗衰老护肤品和美容院的市场如此繁荣，这并不令人惊讶。关心自己的幸福有什么错？这难道不就是一个使自己愉悦、对他人无害的轻巧的谎言吗？

从这个意义上讲，我们在某种程度上不就是自愿成为迷惑我们的谎言的受害者吗？卖方和买方最终不都是同一个人吗？因此，商业上的谎言只是我们内心世界、一个接纳谎言的世界的现实映像。但我们对谎言的接受度到底是多少呢？

II 说谎是一种病吗

我们倾向于认为谎言是与事实相反的言论，说谎就是故意欺骗他人。我们发现有不计其数的谎言，有各种各样的说谎和隐瞒真相的理由，而且对谎言的接受程度也相当大。一切都是关于对话交流的问题以及倾听和接受他人或自我（如果是在自欺欺人的情况下）的能力。说谎有时是一门艺术，有时又是对付他人的武器、保护自我的工具，或者是一种疾病。

精神分析学的观点

精神病学和精神分析从很早以前就对谎言这一主题产生了兴趣。一个多世纪以来，他们的研究方法一直随着其概念和理论的发展而不断演变。

早在1895年，弗洛伊德就在他关于癔症的研究中提到了说谎，当时他就详细讲述了他的精神分析对象艾玛的案例，并将癔症描述为一种自我欺骗的疾病。

当时癔症的临床症状没有得到太长时间的研究，而且癔症的诊断速度非常快，弗洛伊德在传统严谨的维也纳研究了对创伤性事件或被禁止甚至不可告人的冲动的抑制（潜意识的抑制 censure psychique），以及这种抑制是如何不消失并在何等程度上只是被疏散的，他发现这种抑制会通过戏剧化的自我表达行为进因此，当时的弗洛伊德在巴黎萨伯特慈善医院（La Pitié-Salpêtrière）沙尔科的科室成为了重大危机的观察者。

后来，在1913年[1]，在研究了癔症和说谎的起源、原由和诱因后，他毫不犹豫地写到，父母和孩子之间存在谎言是正常的。

他还致力于研究在心理和道德层面对谎言的管理，他补充说到，失误动作，更确切地说是过失，是对谎言的揭示[2]。过失是对有意隐瞒的事情的一种承认，本身就具有揭示性、突发性和真实性。

---

[1] 西格蒙德·弗洛伊德（S. Freud），《孩子的两个谎言》（*Deux mensonges d' enfant*），弗洛伊德作品全集，法国大学出版社（PUF），2009。

[2] "对原有说话意图的压制是造成口误的必要条件"，进一步说，"几乎所有将话说反的口误，其干扰意图都与受干扰意图相矛盾，而失误动作是两种意图相互作用的结果。"西格蒙德·弗洛伊德（S. Freud），《精神分析引论》（*Introduction à la psychanalyse*），弗洛伊德作品全集，法国大学出版社（PUF），2009。

对于同一时期的费伦齐来说，他并没有把思考的重点放在癔症上，而是放在对说谎的研究上，"是现在的教育方法迫使儿童自欺欺人，否认其所知所想❶"。维克多·陶斯克也同样认为："儿童正是从教育者那里学会了说谎。教育者试图通过许下一些虚假承诺来使儿童服从教育规则，但他们却并没有兑现这些承诺；因此，儿童就学会了通过伪装来掩盖其真实意图❷。"

直到1925年，卡尔·亚伯拉罕对一个没有得到父母关爱的患者的案例进行了精神分析❸。在成长过程中，这个精神分析对象不惜一切代价让自己得到他人的喜爱，他多年来一直在耗费精力用谎言欺骗那

---

❶ 桑多尔·费伦齐（S. Ferenczi），《作品全集》（*Œuvres complètes*），帕约出版社（Payot），1918。

❷ 维克多·陶斯克（V. Tausk），《精神分裂症的"影响机制"》（*L'«Appareil à influencer» des schizophrènes*），帕约出版社（Payot），2010。

❸ 卡尔·亚伯拉罕（K. Abraham），《临床研究》（*Études cliniques*），"作品全集"，第2卷，1915-1925年，帕约出版社（Payot），1989。

些被他愚弄的人。这是他报复父母的一种无意识的方式。他重复着其父母的情感谎言（对攻击者的认同），扮演了他们的角色，并把他当时作为孩子的立场投射到被他欺骗的人身上。他只是在重复自己的情感创伤。对他来说，相信他的谎言并不是一种爱的表现。因此，他宁愿重新体会其童年的感受，选择"不被爱"。

因此，精神分析就是从当时观察到的主要临床病例开始的，然后通过研究童年的人文、情感和教育环境的影响以及先分析说谎者的人格而后分析其心理结构，将精神病、神经症或其他疾病的建构理论化。

然后，海伦·多伊奇和唐纳德·伍兹·温尼科特等人通过面具的棱镜，即"仿佛"人格[1]，对谎言进行了研究，这种人格的特点是向他人展示和呈现一个

---

[1] 海伦·多伊奇（H. Deutsch），《"仿佛"人格》（*Les Personnalités « As If »*），塞伊出版社（Seuil），1934年。

只是为了保护真我的假我[1]。

真我是真实的存在，他整合了自身的精神需求，与自我没有冲突：也就是说，真我是在欲望、冲动和禁令和谐相处时的状态。

恰恰相反，假我是一种自我保护，是一种对在个人生活和发展的环境中感受到的侵略的适应。

这个戴着面具的假我甚至可以创造出一个有狂妄自大倾向人格的英雄自我，他会想象自身背负无私的使命或者拥有更高的权力，例如希望做到职场的上层。

于2011年夏季去世的精神分析学家乔伊斯·麦克杜格尔对我们会对自己说的谎言开展了大量研究。

她在这方面最著名的作品的书名都非常有趣，分别是《我的剧场》（*Théâtre du Je* 1982年）和《身体的剧场》（*Théâtre du corps* 1989年），她从我们的心

---

[1] 唐纳德·伍兹·温尼科特（D. W. Winnicott），《从儿科学到精神分析》（*De la pédiatrie à la psychanalyse*），帕约出版社（Payot），1956。

理和身体之间经常存在的无形又无声的对话出发,在书中探讨了身心、性和瘾。她告诉我们,心理无法表达的东西会让身体表达出来。

这也是弗洛伊德在19世纪末直观地以不同方式表达过的内容。

不同的解释方法和尝试告诉我们,说谎者不都是真正患有谎言癖的人。

说谎者首先是一个承受痛苦的人,他用说谎这种方式来表达自己的苦恼、矛盾和创伤。

但说谎者也可以在治疗过程中使用谎言,作为改变生活和人格的跳板。

说谎是一种治疗方法

克里斯托夫是一位35岁的单身男士,经历过一个相当动荡的青春期:16岁时第一次酒精中毒昏迷,五次自杀未遂。然而谁能想到,克里斯托夫目前是一家大公司的高级管理人员,并且获得了博士学位,还过着小资生活?

他经过治疗摆脱了病态的强迫症,过上了他真正想要的生活。由于他的童年经历以及与父母之间非常复杂的关系,现在这种生活对以前的他来说是不敢想象拥有的。他无法过上平静有序的生活。而且他父母也曾说过他注定要在桥下度过余生。

当你告诉一个孩子他是个混蛋时,他很有可能会违背自己的意愿而变成一个混蛋。

曾经有过这样的经历,那么如今他该如何向一个正在询问他的个人信息以更好地了解他的年轻女子介绍自己并讲述自己的故事?曾经的经历对他来说是很难开口的。由于担心自己过去的真实面目被揭穿,但又不想隐瞒自己的身份,所以他将自己过去所有"阴暗面"都呈现了出来。揭露后的真实面目使许多人感到害怕,他们会担心克里斯托夫可能患有精神分裂症。克里斯托夫说过各种各样的谎言,以避免他的旧我和新我之间发生冲突。隐瞒生活中的一些事情使他能够将旧我抛在脑后,让新我越来越多地展现出来。直到有一天,当在会议上回忆起青春期的一件事时,他终于微笑着说道:"哦,是的,这是真的,我就是这么做的……我就是这样……我已经不记得了!"他很高兴回忆起过往,细数自己的变化,并注意到他的自我属于现在和未来,但也并没有与过去疏离。

与自我接触其实就是面对一面镜子,面对他人的目光，正如我在前面解释过的关于自我的构建。但这面镜子不是只向我们展示过去生活的后视镜。即使他人会告诉我们在他们眼中我们的样子，但面对一面镜子我们也能看到自我在他人眼中的形象。一个需要被肯定、实现和珍惜的自我。

在自我介绍的时候不把一切都向他人坦诚，这算不算是在说谎？谎言、秘密、隐瞒……有时可以通过不谈或隐藏与旧我相连的过去，来帮助我们肯定自我。

因为有时会有一些"年轻时犯下的错误"困扰我们一生，并阻碍我们在"悔改"后重建自己。我们的确是从过去中学习领悟，但生活的建构是基于当下，基于我们规划未来的能力和真实意愿。

孩子从小就被教导要永远说实话，不要虚伪，要表达真实想法……如果他在稍大一点的时候仍然信守这一承诺，那么他最终会在某一天发现自己没有朋友，这是一个直接的后果，因为不是所有的实话都适合明说……生活在社会关系中迫使我们、教会我们，无论如何都不要说出全部真相,要知道如何保持沉默、怎样对言语稍做改动……

过去可能是沉重的,在我们的背后贴上了一个标签,阻止我们抛开过去、翻开新的一页。

在我的上一本书中,我就已经解释过,我们的自我从未完全构建起来。我们是正在变化中的自我。"本我所在之处,自我也应到场(Là où j' étais, JE dois advenir)[1]!"

那些希望从艰难的过去中走出来、得到治愈的人,那些与过去被遗忘或被忽视的自我开始接触的人,都不得不经历一段说谎的时期。

克里斯托夫虽然隐藏了自己的部分生活,但并没有完全忘记自己是谁。他没有剥夺自己的身份。他也没有扼杀、消灭或否认自己的真实模样。

---

[1] 准确的表达是 "Là où était le ça, le je dois advenir" ("*wo es war, soll ich werden*",弗洛伊德(Freud),《精神分析引论新编》(*Nouvelles conférences d'introduction à la psychanalyse*)。

他最后终于展现出了他所渴望成为的样子。

作为一种治疗方法,说谎既可以保护自我、尊重他人,也可以使自己与过去、现在和未来的真实生活保持联系。

这是自己给予自我的关怀,自我从未完整地进行构建,也从未完成构建,而是一直在寻求并最终找到自己。

治疗过程中说谎是为了不欺骗自己,去原谅自己那一段有时很沉重、还会减弱或抑制生命活力的过去,因为生命活力是构建我们真实身份的唯一途径。

这是克里斯托夫经历的一个过渡阶段,一个使他在感受到他人对其所揭露的真实自我的友好态度后,与自己和解、学会爱自己的治疗工具。

谎言癖：说谎难道是一种病？

我需要立即声明：有谎言癖的人不是说谎者。说谎者知道自己在说谎。他是有意欺骗他人的，而且也完全清楚自己在说谎，他并没有把他告知我们的假象与现实相混淆。恰恰与之相反，有谎言癖的人相信自己所说的一切。他说谎不是为了欺骗我们，而是为了使自己相信自己所说的话。

有谎言癖的人都深受病态自恋之苦：他们不仅对他人说谎，也对自己说谎。他们无法忍受自己的本来面目，并且经常因为分不清自己是什么样而又不是什么样而感到极度焦虑、备受折磨。

1905年，精神病学家埃内斯特·迪普雷将谎言癖定义为"有歪曲真相、编造杜撰、说谎和创造虚构故事的本质倾向"。早在1925年，他就将谎言癖分为三类：虚荣性谎言癖、恶性谎言癖和反常性谎言癖。由于儿童没有能力而且心理也还未成熟到可以区分真实和想象的地步，所以他们说谎（以及他称之为虚构编造的谎言癖）几乎是生理性的，考虑到这一点，迪普雷就只对这种虚构编造倾向在青少年和成年人身上的固定性感兴趣。

迪普雷认为，当只涉及自我评价时，谎言癖是正常和良性的，但当它导致诽谤他人时，则是恶性的。在他看来，后一类是反常的，有谎言癖的人与谎言渐行渐远，慢慢变成了诈骗者、操纵者……对迪普雷的主要批评声音是针对他对谎言癖的固有态度。

事实上，目前的精神病诊断分类❶并没有准确地将谎言癖列为一种病症，但我们可以发现谎言癖的这些症状都已被归入到社会适应和自我认同的病症中。根据这一分类来看，有谎言癖的人其实有相当严重的

---

❶ 《心理障碍诊断与统计手册》（第四版）（DSM IV）。

反社会倾向。

在三类谎言癖中最常见的是虚荣性谎言癖。《塔拉斯孔城的达达兰》[1]就是这种情况，他讲述了他在阿尔及利亚捕猎狮子的壮举。当他被迫前往非洲时，冒险就开始了，现在在狩猎战利品的包围下，他吹嘘着旅途中的故事和英勇的行为，但这些故事或多或少都是编造的。这就类似于著名的用沙丁鱼堵塞马赛港口的故事[2]！因为谎言癖首先就是一种有关自尊心的疾病。

谎言癖最具精神病性的表现形式会导致患病主体产生真正的幻想错觉。在这种情况下，有谎言癖的人

---

[1] 阿尔丰斯·都德（A. Daudet），《塔拉斯孔城的达达兰》（*Tartarin de Tarascon*），1872；《达达兰在阿尔卑斯山上》（*Tartarin sur les Alpes*），1885；《塔拉斯孔城的港口》（*Port Tarascon*），1892。

[2] 在德国纳粹占领马赛时，炸毁了旧港一端的大桥，因为马赛人封锁了海港。在纳粹故意推毁大桥之后，为了宣示自己顽强的意志和强烈的愤慨，马赛人立即组织起摆渡船队，用一艘名为"沙丁鱼号"的大船堵塞了航道。关于这一壮举，人们演绎出了跌宕起伏的故事情节，其中的一个版本就是马赛人用沙丁鱼封锁了港口。——译者注

必须以另一个人的形象来描绘自己，以便赋予自己存在的权利。他展现出来的是与自我本身全然不同的形象。如果被揭发，他就会立即远离受骗者，开启新的骗局，以免失去理智。

心理治疗师很难确定、衡量、评估有谎言癖的人对自己病症的清楚程度。更何况这些人仍然沉浸在使自己相信所有的欲望都是可能实现的、挫折并不存在的快乐中。

也就是说，发现和识别一个人是否有谎言癖是非常复杂的。关于这个问题的研究非常少见，即使有也是非常理论化，没有任何数字可以让我们确定世界上到底"遍布"多少有谎言癖的人。

至于谎言癖是否可以治愈，提出治疗的要求主要是患者身边的人，也就是谎言的受害者，有谎言癖的人是不情愿进入一个被引导去面对真相……而不是逃避真相……的话语空间，因为有谎言癖的人就是一直不停地在逃避现实。

因此，对许多患者来说，治疗是徒劳的。

该对患者亲近的人说什么？揭发说谎者是徒劳的，真正要做的是保证他决不会再次陷入说谎的游戏中。

患者周围的人和心理治疗师在面对他时都感到无能为力。因为有谎言癖的人无法接受现实。我们必须明白的是，他们说谎是为了逃避无法忍受的现实从而生存下去。

善意的谎言

善意的谎言是所有那些小的、无关紧要的谎言，这种谎言都是为了帮助他人或取悦他人而说的，比如，"我本来要给你打电话的！""这不是你的错，错在我！""多么漂亮的装饰啊！""很高兴为您效劳！""你看起来好年轻！""这顿饭太美味了""很抱歉来晚了，路上车太多了！""没关系！"……光是这些善意谎言的罗列就可以写成一本书。这些无害的谎言通常是使社会生活更加和谐的良好礼仪规则的一部分。适应环境、建立新的关系，都迫使我们采取有分寸的沟通方式。

说善意的谎言的主要动机是情感。其目的是为了保留住他人的爱。但是难道没有自爱占上风的情况吗？我们选择不告诉他人可能会伤害到他们的事情，这一做法的真正动机到底是什么？这难道不是最终保护自己免受看法、印象以及对伤害朋友或破坏关系的恐惧的伤害的最佳方式吗？

所有道德家都会把我们引向这样一种观念，在对他人的爱的背后，免不了主要是对自己的爱。此外，拉罗什富科和康德都强烈反对这些善意的谎言。

让我们先听听拉罗什富科是怎么说的："真诚是敞开心扉。我们只能在极少数人身上发现真诚，通常看到的真诚只是为了赢得他人的信任而进行的精细伪装。我们的美德往往只是伪装的恶习。如果世人看到我们善行背后的动机，我们往往会为自己的善行感到羞愧。"康德则认为，以这种方式行事是对他人的蔑视。本着他所捍卫的尊重精神，他认为即使可能会伤害到他人，我们也必须永远说实话。

善意的谎言是有助于讲礼仪、懂礼貌的社会风尚的形成呢？还是会导致伪善的产生呢？因为我们不会被这样的话语所迷惑，但奉承会让使得那些不轻易奉承的人更加给人以好感。但应避免过度使用……

人从出生起就学会了说谎。说谎有助于我们的身份建构。从某种意义上说，这是一种交流和社交互动的方式。说谎不是大罪……谎言与真相直接对立。但我们该如何定义真相呢？真相往往是我们想知道的，但也是我们所拒绝看到的。如果只是善意的谎言……

**CE SONT LES MENSONGES QUI TOUCHENT
À L'ESSENCE DE L'HUMANITÉ ?**

Partie III

我们为什么要说谎

说谎是很容易的一件事,但是我们了解过谎言到底是什么样的吗?说谎有什么意义?我们应该如何正视说谎的必要性?

自出生起，我们都有哪些说谎的做法？如何说谎以及向谁说谎？

职场中的谎言同家庭中的谎言，或者更进一步，同父母和子女间的谎言有可比性吗？

在交友方面，一个戏剧演员是会说谎，还是能够保持真实呢？

为什么儿童会对父母说谎？这和一个要求自由、隐藏第一支烟或第一次性接触的青少年的谎言一样吗？甚至有些父母，为了维持相亲相爱的假象，会对孩子在夫妻不和方面说谎。

我们同样可以质疑一个凭借施政纲领当选，行动上却背道而驰的政界人物。

剽窃的作品、整容的事实、职场的经历（常见的简历）、社会中的虚伪（社交活动）、垂死之人的病情、给孩子的童话与传说（圣诞老人、诞生在玫瑰花中或由鹳鸟带来的婴儿）……这一清单将转变成谎言的百科全书。

那么，我们说谎最常见的原因是什么？益普索民意调查机构的研究表明，说谎的主要动机反映了说谎者身上存在一定的同情心，希望保护对方，避免冲突。

你为什么要说谎？

目的	是	否	不表态
为了不伤害他人	74%	24%	2%
为了避免与某个家庭成员起争执	61%	37%	2%
为了替自己所犯的错误辩解	43%	55%	2%
为了夸耀自己	32%	66%	2%
为了避免领导的责备	21%	75%	4%

社会心理学则将说谎的动机分为四类，与本次调查的结果部分重合，即不伤害他人、避免冲突、提升

自己的形象以及说服他人。

每一个谎言中,都有两种力量在斗争:一种力量让我们害怕被揭穿;另一种力量让我们享受操纵的乐趣,他人不再是一个主体,而变成了客体。

在思考谎言及其与自我的关系的过程中,我强调了谎言的三种形式:

◆ 为保护自我和他人而说谎,与自身对存在的恐惧有关;

◆ 通过省略来说谎,与对自我的遗忘有关;

◆ 通过否认自我来说谎,与拒绝自身的存在有关。

这三种形式的谎言有一个共同点,即我们的自我都或多或少地被考虑在内。在借助临床实例展开探讨之前,我先通过三个著名的案例加以说明。

在电影《美丽人生》(*La vie est belle*)中，罗伯托·贝尼尼饰演的角色圭多向儿子隐瞒了集中营的事实。他让儿子相信这只是一场游戏，奖品就是一辆坦克。他说谎是为了保护儿子，不让犹太人大屠杀的现实影响儿子。这是一个旨在保护的谎言。该影片获奖无数也的确不足为奇了。

大获成功的美剧《广告狂人》(*Mad Men*)则展现了第二种形式的谎言：对人类所处境遇的漠不关心，广告公司的厚颜无耻，以及该团队肆无忌惮地通过省略来说谎的行为。

最后，让-克洛德·罗曼的故事属于第三种形式的谎言。他假装自己是一名在世界卫生组织工作的医生，欺骗了家人和亲近之人（他最终谋杀了他们）长达二十余年。

I 说谎是一种自我保护

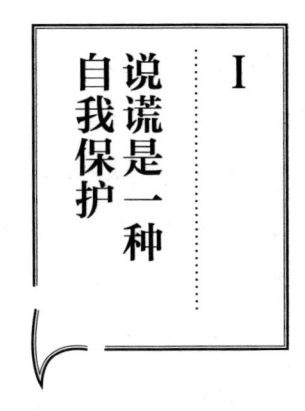

即使在精神治疗与分析的关键时刻，也会出现谎言。一方面，来访者会无意识地对自己说谎，神经症的病症不断涌现；另一方面，来访者会对抗、抵制一切能泄露其真实的自我本性的变化，这种自我，正如我的一位同事所言，是一种"纯粹的自我"（moi pur）。

因此，来访者可能会对我们说谎……我甚至想，这样反而更好。分析的空间就是一种与现实的对质，也是与来访者实际状况的对质。

当来访者有一天告诉我们："我说谎了！原因是……"在我看来，没有比这更成功的治疗工作了。

因为我们清楚来访者对我们说了谎，也期望他们终有一天能从一种移情关系（relation transférentielle）中解脱出来，在这种关系中，分析师重新扮演了他们的父母，由于害怕被父母评判，他们不得不戴上面具、不做自己、隐藏起来。但分析师不做评判，而是期待一种触碰现实的对话，一种来访者迟早要进入的现实。这是来访者最终获得自由需要付出的代价。

终于，一种纯粹的自我得到了表达，这一自我是怎样的又有什么关系呢？这是一个独特的、没有被格式化的自我，必须真正得以呈现。但我们害怕做自己，这种对自我本质的揭示让我们感到焦虑。不妨回想一下本书第一部分中探讨的镜像阶段。试着把我们放在孩子的位置上，孩子如此害怕让人失望，害怕不再被爱，以致认为自己不符合父母所期待的形象。

因此，当我们说谎时，其实是出于恐惧。当我们伪装我们的形象、举止、言语时，是出于对外界反应的恐惧。这种恐惧导致我们说谎：害怕成为自己，害怕伤害他人……如此多的幻觉、恐惧压缩了我们的自我，已经超越了礼节让人从容走上的善意谎言之途。被观察，被评判，甚至被谴责，我们的自我因而自愿得到伪装，全部也好，部分也好。

我们过早地学会了戴面具，全世界都是如此。

洛桑大学的心理学教授和精神分析学家泰梅利·迪亚芒蒂特地开设了一门名为"艺术与精神分析"[1]的课程。他重点讨论了面具在非洲仪式中的地位、好处和功能。

对我们来说，面具是置于面前的一个工具，一种装置，有时可以用来隐藏我们的面部，遮蔽脸的某一部分或者防止被认出，有时则可以用来扮演一个角色。面具还可以用作防护物品，以避免任何外来的攻击（潜水员的面具、焊工的面具、防毒面具、运动面具……）。

相反，在非洲或大洋洲，面具拥有一种仪式价

---

[1] 泰梅利·迪亚芒蒂（T. Diamantis），《精神分析的意义与认知，灵魂的反映，科学的镜子》（Sensetconnaissanceenpsychanalyse, refletdesâmes, miroir d'une science），哈马坦出版社（L'Harmattan），1997。

值：除了用来遮蔽佩戴者的面部之外，面具的主要功能在于代表一种存在，可以是一位神明、一名行医者、一位祖先，或是一个为了庇佑或惩戒而回归大地的灵魂。无论其大小，无论是否恐怖，这些都是启蒙的面具、转变的面具，用来记录从一种成熟状态到另一种成熟状态的过程，伴着人们拥有更多智慧，对偷窃者或说谎者表示谴责。面具成了一个村落的政治、社会和宗教权力中必不可少的部分。它们具有多样的用途：社会性的、疗愈性的，等等。

面具是普世性的，具有多种多样的功能。它是我们存在的一部分，被有意识地运用在我们与谎言所维持的主要关系中，在这种关系中，我们的自我不断寻求着对自身的保存。

为了保护自我或他人而说谎，可能是最多考虑到我们是谁和对方是谁的说谎形式。在某种程度上，这种形式的谎言让我们尊重对方的同时也尊重自己。

那么，不妨看一下我们倾向于说这种谎的一些情形。

复原力与谎言：防止被过去或不属于自己的经历影响

让我们首先列举一个被过去控制自我的案例，这一自我试图重构自己，不是通过否认过去，而是通过确保他人的目光不会永远盯着一个身份，盯着一个因某个事件而被贴上的标签。

在第一部分中，我提到了12岁的凯茜的案例，她被迫隐瞒了父亲的去世并编造了他的存在。孤儿们常常抱怨别人对他们身份的看法。他们觉得自己的身份与失去父亲或母亲，甚至与失去二者密不可分。

丧偶家庭的子女体验过同样强烈的感受，所有自我重构的工作都这样被扰乱，取而代之要完成的是"服丧工作"（travail de deuil）。"人们看我的眼神就好像我的一生都很不幸，那是一种怜悯的眼神"，一位从5岁起就成了孤儿，现年24岁的患者有一天向我倾诉道，"就连我遇到的男人都会想象我在感情上很脆弱，甚至认为我在通过他们寻找我的父亲！"

失去父母并不一定会造成建立关系上的障碍，或是心理与情感上的障碍。实际情况要复杂得多，值得另写一本书对此展开探讨。我所遇到的每一个案例中最让我震惊的，是对丧亲家庭成员表达极端同情的眼神，这对他们从创伤性事件中恢复并解脱毫无帮助，只会将他们隔绝在一个过去的事件、过去的自我中。

然而，一般来说，丧亲家庭能够很好地承受这种事件，孩子们也能像其他人一样，借助自身的复原机制最终实现自我价值。基于生活中某一事件的决定论并不存在。早期的创伤性事件并不会毁掉对圆满生活的希望，也不会像有些人乐于相信的那样，成为职业成就或个人实现的动力催化剂。只有当事人才能知道他们身上发生了什么。

因此，为了保护自己不受他人目光的伤害，保护自己的成就、渴望与生的欲望不受某些阻碍的影响，大量的人会选择隐藏过去的事件。

34岁的瓦莱丽童年时遭遇过家庭暴力。治疗师已经为她消除了心理阴影。重提这些事件不会再引起她任何压抑或恐惧的剧烈情绪。她能够把这个话题作为一个过去的事件来谈，认为这件事参与构筑了今天的她。但她的丈夫和三个孩子不知道她生命中的这段插曲，她也丝毫不打算告诉他们或任何其他人。这个秘密只有她家里的几个成员知道。她给出了三个理由："他们永远无法想象到这件事会发生在我身上"，"我不愿再处于这样的境地"，"我没必要把我生命中的这个时刻强加给他们。这种发生在某些人生命中的不幸并不属于他们的生活，我不希望他们受到影响"。

她并不反对说出真相，意识到有一天这个秘密可能会被知情人或她周围的人带有怀疑的提问所揭露。但她不想再谈论这个话题，除非是在我们的会面中。生活在继续，瓦莱丽建立了自己的情感与职业圈。如果她周围的亲人、朋友、同事都被告知这些，他们会怎么看呢？会有人对她委以重任，而不去设想她因为这个事件而心理脆弱吗？会有人完全信任她能教育好自己的孩子吗？

实际上，我们总需要给别人贴上标签，而这些标签往往是虚假的，我们需要编造故事，虚构假象。瓦莱丽隐藏真相是不对的吗？她的谎言对她没有好处吗？

事实上，瓦莱丽并不是真的在说谎。她只是对自己生活中的一件事闭口不谈。一般来说，很多暴力事件的受害者会保持沉默，在二十年、三十年、四十年甚至更长的时间内保守这个秘密，也就是说，直至犯这一错误的人死去。然后，真相大白。

同样，名人的子女有时会在自己的亲缘关系上说谎，因为没能拥有另一个不那么难以承受的名字❶。他们隐藏起来，即使继续走与父母相同的职业道路，在面对评判时，面对作为某位名人的子女而被寄予的厚望时，同许多孩子一样，他们也会面临不同程度的困难。

相反，另外一些名人子女选择用过度曝光的方式来保护自己，他们并不隐藏自己的身份。对于压制各种各样的谣言，这种行为确实发挥了作用。

> 24岁的纪尧姆，一位因过去的丑闻而名声尽毁的名人之子，前来向我咨询，他被一种精神分裂症折磨，不得不在与父亲的亲缘关系上说谎，这也毫不费力。在学业完成之际，他不希望自己的同学，或即将面对的职场同事知道他是谁。除了担心必须比另一个不太知名的候

---

❶ 如果继承了一个全国都响当当的姓氏，可以向法国的掌玺大臣司法部长或检察官提出请求。

选人要经受更多的考验，他还惧怕与丑闻相关的敌意，这加剧了他的退缩以及对父母的矛盾情感，他认为自己无法过上本应拥有的正常生活，这一点父母难辞其咎。

纪尧姆用说谎保护了自己，也保护了父母，不让他们因丑闻带来的影响感到内疚。所有的治疗工作都围绕着他对当时媒体暴力的感受展开：纪尧姆在面对对其父母的指控时，满心疑惑地寻找真相，他不得不躲避记者，以保护自己仅有的一点隐私，他失去了朋友，失去了尊严，社会关系断裂。而这些变化都发生在纪尧姆的个人和社会身份正处于尚未完成的时候。戴上面具似乎是强制性的，同时也将他与父母所象征的谋杀联结在一起。

纪尧姆最终选择了一些值得信赖的人（一些他以前无法信任的朋友，因为总是怀疑自己试图建立的关系是否真诚），他可以告诉他们他是谁。

当社会的目光将你抛回过去，或者抛回一个不属于你的、而属于你父母的经历时，你将如何在职业、社会与情感生活的构建中投射自己的身影呢？并非所有的孩子都是理查德·瓦格纳的后代，他们渴望通过拜罗伊特音乐节（festival de Bayreuth）来保存瓦格纳的音乐遗产，哪怕第三帝国的阴影笼罩着。也并非所有的人都是欧洲议会议员亚历山德拉·墨索里尼，她完全继承了祖父的衣钵并与他的意识形态保持一致……

几年前，我参加了一个关于儿童行为的节目，他们的父母从事具有一定社会偏见的职业：遗体防腐师、监狱看守。值得注意的是，这些由于和父母的关联而害怕被他人排斥的儿童，主要建立了两种类型的保护机制：一方面，有些儿童不寻求被他人认可而逐渐化身成了父母的形象。另一方面，有些儿童不惜一切代价来证明他们对父母职业的反对：一名监狱看守的儿子与不守规矩的学生走得很近以致影响了学业。只有第三类少数群体，试图通过宣称他们与父母的不同来肯定自己的身份。

戴着面具，保持过去与未来之间的联系，还是在一个处于永久构建的动态过程中活出自我、变成自我：我们每个人都有选择权。说谎似乎是一种绕过可能存在的交际与职业困难的方式，只需根据利害关系及对话者——更确切地说，是对话者不加判断或先入为主地接受对方的能力——来调整自己的社会面具与话语即可。

通过上述几个案例，我们看到自我仍然享有特权。谎言的作用在于给其安全感，使其被爱。我们砍掉的仅仅是过去的枝丫。自我的主干依然保持完整与正直。

伤害还是说谎？

在情侣间、家庭中或牢固的友谊关系中，谎言的动机往往是我们不想伤害对方，不想让我们爱的人受伤、心碎与痛苦。

34岁的奥雷利（Aurélie）哭着前来咨询。她与热罗姆（Jérome）一起生活了七年。他们没有孩子。几个星期以来，她怀疑自己的伴侣背叛了自己，因为在他的笔记本电脑上，她发现了一些极其暧昧的消息。历史记录显示，热罗姆经常访问交友网站。与在人前所展现的状态不同，奥雷利并不喜欢自己。她认为自己外表丑陋，性格无趣，出于这种种原因，她来接受了心理咨询。

不幸的是，在发现记录之后，她做了不应该做的事情。一方面，她在热罗姆经常光顾的网站上创建虚假的个人信息，以便与他交流。她想知道自己究竟有什么问题，对于伴侣的不忠，她指责自己难辞其咎，但她将永远无法向他承认。另一方面，她盗用丈夫的聊天软件。几个星期以来，尽管我建议她停止这种自我毁灭的行为，并让她以尽可能不激烈的方式与其伴侣交谈，但她还是深陷在这种越来越难以忍受的"揭露"中。她伤害了自己，直到有一天彻底崩溃。

这对夫妇之间的危机爆发了，几乎毁灭了这段关系。几周以后，他们才终于能去谈论他们之间的关系、存在的不足、热罗姆的不忠……真相暴露无遗，有理或无理的指责都被抛到了桌面上。但在责备了奥雷利的虚假信息后，热罗姆也向她透露，她所读到的大量对话只是一些幻想。在互联网上，幻想和真实欲望之间的界限是模糊的：屏幕以及让人隐藏自身的化名扭曲了虚拟与现实之间的关系。很多人去那里只是为了表达他们的幻想，即使也有许多人的动机是真诚地希望找到伴侣。

热罗姆为了保护奥雷利而说谎，奥雷利则一心要发现一个不是或不完全是真相的"真相"。她自己也撒了谎，为了设陷，不是为了保护……奥雷利不仅是出于嫉妒。她缺乏安全感，并为热罗姆的不忠感到自责。

莎士比亚在悲剧《奥赛罗》(*Othello*)中展现了嫉妒的极端悲剧性。这部戏剧讲述了一个由伊阿古精心策划的针对威尼斯将军奥赛罗的阴谋。伊阿古嫉妒奥赛罗忠诚的副官凯西奥，便诱导奥赛罗相信他的妻子苔丝德蒙娜和凯西奥之间有私情，奥赛罗于是下令杀死了凯西奥。从丈夫那里得知这一消息后，苔丝德蒙娜情绪激动，而奥赛罗由于被一种病态的嫉妒所控制，把这种情绪解释为妻子对自己不忠的揭示。他掐死了妻子，并在伊阿古的妻子嘶喊着揭发丈夫的阴谋、指出奥赛罗的过错之时惊觉过来，他杀死了伊阿古，然后自杀身亡。

在这一戏剧中，所有人都在说谎，伊阿古的操纵最终达到了目的：奥赛罗遭遇了不幸。嫉妒消解了奥赛罗对苔丝德蒙娜的信任，反而促使他将妻子想象成一个骗子。

嫉妒是一个害怕失去对方、在感情上缺乏安全感的人内心深处的焦虑。从再次体验到童年时的感情的嫉妒者，到只是简单地投射自己对不忠（不管是否确有其事）的幻想的嫉妒者，嫉妒首先是一出源自依恋的情感悲剧。嫉妒者在感情上是如此依恋对方，以致会想象离开对方便无法继续生存。这对于另一半来说，往往非常难以理解或难以忍受，甚至会引起重重忧虑。

因此，嫉妒会侵蚀、甚至破坏彼此间的关系，使得另一方无法忍受而本能地疏离，但这只会增加嫉妒者的焦虑、加剧嫉妒的表现。嫉妒者一旦发现对方不忠，焦虑就会愈发强烈，并可能导致双方关系的破裂。

嫉妒者被多种忧虑所困。这样的情绪是如此强烈，以致伴侣间的交流变得困难重重，双方已经无法沟通，都在亲密关系中受到伤害。

许多伴侣没那么幸运能够有朝一日谈论他们所面临的困难。害怕伤害所爱之人，我们宁愿保持沉默。然而，正如本节开头的研究所表明的，说谎对于伴侣来说是致命的。为了挽救这对伴侣，即使不得不表达不愉快的事情，也必须重新开启对话。

在大多数情况下，我们互相说谎是为了避免说对方发胖了，或者着装不好看……总而言之，所有可能损害我们的形象、我们的自恋、我们对对方的爱的方方面面。

爱不会使人盲目……但它会使人在某些事实面前哑口无言。

多年的婚姻关系会使我们认为这种关系是理所当然的，进而导致吸引对方的驱动力减弱。

结婚生子一年后，体重会增加多少呢？

一旦征服结束，许多夫妻就会忽视彼此，这增加了出轨的概率。

随着岁月的流逝，我们发现对对方的渴望不再像以前那样新奇、鲜活和有力。

对婚外恋说谎往往是出于不想伤害或羞辱对方。因为受骗者总是先责备自己（"我做了什么？我少做了什么？"），然后才想到其他原因。

我们都有某种倾向，会从消极的角度看待自己，对受到伤害的处境感到自责和内疚。仿佛我们不再符合对方的一种爱情期许。

当一对夫妇不惜一切代价保持对话时，当他们给予话语一个空间时，他们仍然只能相对免于谎言。

绝大多数夫妻关系的治愈，都是通过对话中止后的调解实现的，这并非巧合。很多时候，对话的中止是因为害怕被评判，害怕不被倾听。甚至更多时候是因为害怕伤害所爱之人。

同样的问题在我们的友谊关系中也存在。

通过向朋友隐瞒一个他没被邀请的晚餐来避免伤害他，不告诉朋友他的话很荒唐，他的穿着不得体，他让你很难堪了……

友谊让我们克制自己，掩饰我们的一些情绪……

最后，极为幸运的是，所有感情深厚的关系都通过施加一些限制而使得我们的谎言变得"人性化"。这一限制当然与我们对说谎对象感同身受的能力有关。要尊重每个父母曾对他们的孩子说过的话："己所不欲，勿施于人！"

因此，说谎可以是一种尊重感情的行为。难道说真话并伤害对方，真的比说谎更好吗？

保护儿童与弱势群体

尽管雅克·皮和克罗蒂娜·比朗❶的研究表明，我们的谎言中只有25%是利他的，但我们的同情心会自然而然地促使我们想要保护最脆弱的人：儿童、老人、残疾人、垂死者……出于这种目的，我们有时会毫不犹豫地对他们说谎。

86岁的若尔热特有8个孙子。一年来，孙辈们向她隐瞒了其中一人在武装抢劫后被关押

---

❶ 图卢兹大学（Université de Tou-louse）、艾克斯-马赛大学（Université d' Aix-Marseille）和巴黎第八大学（Université de Paris VIII）的认知心理学实验室。他们将谎言分为两类：利己的谎言和利他的谎言。根据他们的研究，女性说的谎言有一半是利他的，而男性的大部分谎言本质上都是利己的。

在弗勒里-摩罗吉斯监狱（Fleury-Mérogis）的事实。祖母年事已高、身体虚弱、被关押者是她最疼爱的孙子，这些都是孩子们为了证明其谎言的正当性而提出的几个要点。在祖母面前，她的这个孙子被描述成一名石油相关的工作者，这就解释了他的缺席，以及无法与他取得联系的原因。若尔热特则告诉她的朋友们，她为有一个工作勤勉的孙子感到非常自豪……

我们怎么能够责备这种对现实的歪曲呢？一个能够"一拳"摧毁他人的真相又有何用处呢？

问题在于要知道我们的说谎对象是否有能力承受真相。在某些情况下，答案非常简单。比如，父母完全有理由对孩子说谎，以保护他们不被还无法融入的现实影响。其他情况的评判则更为微妙。

在写这本书时，我对自己过去遇到的一个关于意识的事件反思了良久。我更年轻些的时候，一个朋友去世了。他和母亲被一辆汽车撞倒后送往了医院。他的母亲骨盆骨折，但逃过一劫。不幸的是，我的朋友出现了内出血，几小时后因伤死亡。我们本来计划当天晚上见面。在医院时，他还要求打电话推迟我们的约定时间。这位朋友认为自己只是受了点皮外伤。医生没有告诉他，他有生命危险。他们用这种做法保护了他吗？

医生们没有接受过宣布这类消息的训练。死亡不是他们的职业。相反，他们与死亡斗争。所以，我不是在评判谁，只是在思考。当你知道一位患者将死在急诊室时，你会怎么说呢？当患者的癌症只能保证他几个月的生命时，你会对他或他的家人说什么呢？作为一个精神分析师，从事丧亡相关的心理咨询超过十年，我一直在思考把一种可能性赋予垂死之人的必要性，甚至是迫切性，即让患者依然是自身死亡的主人的可能性。不要去"掌控"患者的死亡，而要将死亡设想为患者生命中的一个时刻。

弗洛伊德在他生命的最后岁月写道，错误的不是死亡而是生命。事实上，我们从出生起就都知道我们会死亡。况且我们的细胞在基因上就被设定了死亡程序。

上述的第一类谎言表明，我们仍然在倾听自我与他人。或多或少，我们都希望尽可能地考虑并尊重他们。我们的选择并不总是轻而易举，也并不总是明智无误，但我们承担了这些选择。对自我或他人的恐惧不会吓倒我们。

在下面的分类中，我们将探讨自我与他人之间不同程度的决裂，这可能导致我们越来越远离"合理"的说谎行为，以致再也无法辨认出我们的身份。

II 隐瞒真相与恶意说谎

第二类谎言涉及那些视而不见、充耳不闻、缄口不言的人,那些最终拒绝与自我和他人进行任何对话的人。

这三种形式的封闭开启了自我与他人,以及自我与其本身的决裂。通过省略来说谎的人深信:他丝毫也不需要看、不需要听、不需要交流,于是开始了与自我的决裂。"我知道我是对的……但我几乎确定在某些情况下,我最终会生活在我所创造的孤独之境中。"对话的模糊性也会产生谎言。

让我们以一个博主为例,他将法新社(Agence

France-Presse）的一则快讯誊写为一篇政治声明。若他用自己的想法来过滤，那么发出者的信息将与他自身的想法混合在一起。他只会说出他想听的东西。因此，在他的对话者面前，他的誊写将具有误导性。目前有多少由于发出者缺乏客观性而被传播的错误信息？相反，那些去倾听并真正听到对方想表达什么的人将更接近真相。

在与他人的沟通中呢？我们的身份获得自由的保证是向对方的敞开，并意识到对方接受我的哪一部分，又能向我展示哪些部分。即向对方敞开心扉，即使不赞同也会尊重对方的一种真实的共同欲望。

因为通过省略来说谎的动机，是对自我身份的痛苦感受。这种痛苦改变了我们、美化了我们、扰乱了我们与他者（Autrui）的互动。

通过省略来说谎的人似乎并没有说谎：他并没有肯定任何虚假的东西。因此，这种类型的说谎可以免受惩罚地得到实现。怎么能责备未曾说过的话呢？然而，确切来说，漏掉信息的说谎者完全知道他没有说什么。而且他不会说任何可能有损自己或他人的话。他从这种做法中受益。含混不清就这样进入了关系之中。通过省略来说谎的人不会透露他是谁，也不想知道对方是谁。他的自我没有被完全识别、感受或表达出来：那么，任何面向他人的交流都纯粹是对自我和现实的伪装。

有些人认为这是刻意操纵，有些人认为这是闪烁其词，通过省略来说谎只会让说谎者的生活中出现大量的空白。

从闪烁其词到刻意操纵：界限在哪里？

通过省略来说谎会让对方蒙在鼓里，不费吹灰之力就能歪曲现实，而不需要在真相上说谎。

12岁的伯努瓦（Benoît）已经深谙用省略来说谎之道。父母离异，他很早就知道如何选择可以和不可以说的话，有时是对他的父亲，有时是对他的母亲。他这样做一方面是为了保护自己免受惩罚，另一方面是为了让父母放心。他的谎言始于课堂作业。当父母问他是否做作业了，他会肯定地回答，但不会说自己没有完成。"我回答了这个问题！如果他们问我是否完成了它们，我会说没有。"他告诉我，没有丝毫愧疚。

按照他的思维方式，伯努瓦没有说谎；事实上，他还说自己不知道如何说谎。父母对他在学校也这样说谎表示担心。他们怕自己原本受过良好教育的孩子将来会变成一个操纵者。

通过省略来说谎即使不需要很高的智商，至少也需要对词汇有较好的把握。但相反，丝毫也不需要的则是出色的记忆力（这是说谎高手的必备素养，绝不能有一天暴露自己）；说谎者只要说："我忘了告诉你！"

区分和判断刻意和非刻意的省略十分复杂。

通过省略来说谎往往是有预谋的。

泽维尔是一名32岁的刑事律师，他会在工作中使用这类谎言。

他的辩护是基于这样一个事实：法庭上有三个讲真话的人：原告、被告和检察官。每个人都持有并会讲述其认定的真相。然后由法官从这三个主观真相中提取一个客观真相。此外，同虚假的证词一样,伪誓是被禁止的。因此在他看来,法庭召集、强加并约束的是一种建构,一种真相的游戏,在这一真相中,省略是一种工具,同其他工具一样,可用来为他的客户服务。

电影《蔑视》(*Le Mépris*)[1]或许是另一个混杂了无言与设想中的操纵的例证,故事发生在一对苦于交流断裂的夫妻之间。这是一个误解滋生蔑视的故事。

卡米耶(碧姬·芭铎饰)嫁给了编剧保罗·法瓦尔(米歇尔·皮科利饰)。当卡米耶在一个眼神中明白了丈夫让她和制片人热雷米·普罗科希(杰克·帕兰斯饰)一起上车,是为了让她勾引他时,悲剧开始了。卡米耶在影片中不断问丈夫"你爱我吗?",她难以原谅设想中丈夫的操纵,直到她与热雷米·普罗

---

[1]《蔑视》(*Le Mépris*),让-吕克·戈达尔(Jean-Luc Godard)1963年导演,演员有碧姬·芭铎(Brigitte Bardot)、米歇尔·皮科利(Michel Piccoli)、杰克·帕兰斯(Jack Palance)、弗里茨·朗(Fritz Lang)……

科希一起悲剧性地在车祸中身亡。

蔑视不仅是一种情绪……它还是为了掩饰意图而进行的一种伪装。

卡米耶不断质疑保罗的意图：他是否在故意操纵她？她有没有像他在卡普里片场拍弗朗西斯卡马屁时那么蔑视他呢？

卡米耶和保罗为难以言喻的谎言所困：哪个人在对另一个人说谎？哪个人在对自己说谎？

保罗或许处于操纵的边缘，即使他没有完全指挥卡米耶。

真正的操纵者能够随心所欲地支配一个团体，但也会被质疑其行动与意图的诚实性。他们玩弄感情，通过激发我们所有人都具备的愧疚和疑虑，成功扭转局面。操纵者让我们相信我们是自己行动的主人，以此隐藏他们的真实面目。操纵者的言行之间往往有很大出入。

通过恭维，他们设法麻醉我们的批判意识，同时让我们相信自己在这种关系中享有特权。作为情绪和言语的真正变色龙，操纵者最终会破坏我们的稳定，贬低我们的价值，使我们在他们自身的欲望前不堪一击。

操纵者因此参与了我们自我的萎缩，像木偶一样操纵着我们的自我。

受操纵者只有在被摧毁时才能逃离这一恶魔般的系统，因为正是对情感的需要和失去爱的焦虑推动了这一系统中的两位主角。

事实上，一方面，操纵者需要被爱，为了保存这种爱而将对方"物化"。另一方面，受操纵者不想失去以虚假的方式回报给自己的爱。

因此，二者都被困在了向往对方的爱的事实中。直到有一天，对爱的需求和对自由的渴望之间开始发生内部冲突。

此外，我们不应把操纵者与自恋狂混为一谈，后者享受操纵并利用操纵来满足其变态行为。

被破坏的交流：对他人的恐惧

40岁的让是一个通过省略来说谎的高手。他擅长这门艺术，从小就跟着祖母学习。对他来说，这是他获得自由的一个主要条件。他保留了一个属于自己的空间，不是借助说谎，而是通过不把所有事情告诉他的妻子和父母。

他的行为就像小伯努瓦，不承认自己是个说谎者，甚至明确指出自己没有能力说谎。让本能地不会告诉他的妻子自己与朋友共进午餐，他认为这没什么坏处，就像如果没有人问他，他将不会提供一些关于假期长度的细节，也不一定会说度假的地点："我在海边"，而不是"我在圣特罗佩"。

我们通过分析发现，父母在问问题方面的小心翼翼，使他养成了不是什么都说的习性。此外，如果被问得太多，他就会感觉自己真的在接受一次调查而抵触，这也导致了伴侣对他的责备，她有时会担心其他可能存在的谎言。她感到没有安全感。即使意识到自己的行为及其负面影响，让也无法改变自己的交流方式，他始终害怕被剥夺存在的自由。

> 38岁的克洛蒂尔德在"担任更高职位"的问题上通过省略来说谎。她毕业于一所顶尖的商学院，她的朋友和家人都知道这一点，但她隐瞒了自己是一家大型国际集团的财务总监的事实，而把自己表现为一个"简单"的商务人士。

如果有人通过谷歌搜索发现了真相，那又有什么关系呢……在一个很有限的朋友圈之外，克洛蒂尔德不断发展这一谎言，因为她事先假设了各种各样的反应。她担心透露自己真实的职业状况会引起周围人的羡慕、嫉妒或评判。奇怪的是，她还担心自己将不再能抱怨自己的职业状况（焦虑、多重压力……）。实际上，她那么地需要被爱，但她会想象其职位所带来的经济和权力优势将使她的抱怨显得不那么可信。

情感上的恐惧迫使克洛蒂尔德通过省略的方式来说谎，她的丈夫和孩子从此成了她的同谋。她错误地让自己成为朋友们的受害者，她向他们隐瞒了自己的成功，而朋友们认为她本可以拥有一个更美好、更快乐的生活。

这两个案例涉及了人际交往中为防止无意识的焦虑影响自己而说谎的情况。

克洛蒂尔德和让需要通过隐藏他们生活中的某些细节来保存他们的身份空间。他们想确保自己存在的自由，害怕被锁在外部世界评判的目光中。

"为了幸福地生活，让我们隐蔽地生活！"他们会这样声称。

为此，当让隐瞒他的生活细节时，克洛蒂尔德则通过编造另一个身份来控制这种凝视。

这是与"陌生人"的交流,对面具随心所欲的使用已将它扭曲。

真诚的关系于是被破坏,圆滑的社会面貌背后,连接我们彼此的社会关系几近被封锁。

说谎直至忘记自我

焦虑导致我们不再看到自己，不再让自己被看到，不再听见他人的声音，也不再听见自己的声音……人格解体（dépersonnalisation）的风险为期不远了，我们即将在后文看到。

不妨回到镜像阶段，这一阶段让我们得以接触自我，开启与自己的第一次对话：我们已经看到，这种对自我的认识与另一种认识相伴相生，即认识到我们与他人，更为确切地说，与父母预先存在着一种互动。只有那些让我们成为自己的人在场，只有通过与他们的互动，我们才有可能存在、生活、感受、表达自己……母亲，然后是父亲……最后是社会。

这些多重的、广泛的互动有助于我们的自我揭示，让我们对自我真实身份的认识更为细致深刻。正如我在上一本书中所解释的，只有在催化我们的"自我"（Moi）转变为我们的"本我"（Soi）（深层的、被埋藏、被压抑的自我……）时，另一个人才能成功地改变我们。我们的生活、我们的遇见、我们的考验，使我们从生至死都能不断发现自己。我们通过内省，以及与生活中某些时刻的互动来学习认识自己。

然而，戴着面具，不告诉他人——更糟糕的是不告诉自己，如果我们已经变得无法内省——会使我们忘记自己真正是谁。

我们内心的秘密有朝一日终会浮出水面。

*48岁的若尔日是法国28万名受家暴的男性中的一员*❶。*面对这种在自恋维度上将其摧毁的*

---

❶ 资料来源：法国国家犯罪观察所（Observatoire national de la délinquance），2010年。在法国，每年约有150名女性和30名男性因此死亡。自2009年起，可拨打3919或向www. stop-violences-femmes. gouv. fr网站报案。

情形，若尔日对自己说谎，并最终忘记了自我。他有三个孩子，包括两个年幼的孩子。尽管他告诉我，在婚后不久他就意识到了妻子的失控，他将这些失控称作暴力，但若尔日的痛苦既来自于否认（面对难以忍受之事的保护机制），也来自于我们所说的适应：他的身体和心理都将日常的暴力、侮辱和打击正常化。

几周过去了，几个月过去了，几年过去了，他最终变得能够忍受、承担并不幸地接受了这样一种暴力密度，而在这一具有毁灭性的关系开始之时，他本来是无法容忍的。他们之间的沟通只有操纵和暴力，若尔日在这段关系中为了孩子们着想也已经忘记了自我，他希望保护孩子。事实上，他担心一旦离婚，自己将被剥夺监护权。他已经完全忽略了什么才是正常的，什么才是他的孩子们应有的、让人心安的安全环境，他们本应在一个不把暴力作为人与人之间正常互动模式的环境中成长。

若尔日只有在家的时候才会听妻子的话，任其威胁。在职场上，没有人能料想到这幕后的一面，因为若尔日是如此地受人欢迎和认可。他的家庭仿佛是一个玻璃橱窗，人们很难会去怀疑背后竟是这样的生活。

若尔日相信了妻子的说法，她声称自己在治疗师的帮助下努力改变自己，停止暴力行为。他等待、希望并相信会有奇迹出现……终究，他只是在对自己说谎，尽管几个月过去了，这一恶性循环只是在不断加剧，根据现行法律，这需要提交主管机构审理。但正是对诉诸司法的恐惧促使他采取了行动。司法的约束让他有所行动。若尔日最后离开了妻子，生的欲望终于得到了表达。

过去，若尔日能够充分地意识到自我，受其教育经历的强烈影响，他牺牲了自己。为了孩子，他忘记了自我。确切来说，他并没有在精神层面上否认自我，而是在保护自我，但他不再能意识到自己所深陷其中的毁灭性结构。谈话一开始时，他对我说："我没有意识到。我需要你提醒我我是谁，我曾经是谁，以及我所不应该接受的东西。"

对话中的另一个人（在这里是分析师）事实上可以作为镜子中的第二张面孔，我们有时会在这一镜子面前对自己说谎。

这正是揭示我们身份的镜像阶段……这一身份需要保持完整，要被珍惜，被细心照料……

我们在害怕什么，以致我们不再做自己，不再能够沟通、展示和表达自我？

若尔日没有给予自己必要的信心和尊重来表达他的真实欲望以及他自身的渴望。一结婚，他所落入的陷阱就立刻封闭了。在分析过程中，他表示自己本知道不应该娶那个将成为其刽子手的女人。那个女人在婚后不断压制着他已经萎缩的自我。

保持自我，不惧怕被溶解在焦虑的池沼中，就是生活在一种与他人或许更为诚实的关系中，与自我则更是永远如此。

诚然,正如我们一开始所见,谎言存在于我们体内。它栖居在我们身上、建构我们、迫使我们适应环境、限制我们的某些行为、阻碍我们取得成就。但是,无论谎言是什么,了解它的性质、目的和内容是维持一种"健康"身份的保障,这样我们才能始终意识到自己在做什么,对谁做,为什么。不幸的是,在某些情况下,我们的身份在谎言中迷失了,它被腐蚀、被彻底冲淡,我们已经丧失了对它的控制。

III 无法面对真相的自我欺骗

第三种类型的谎言否认了我们做自己的能力，这种否认源于我们的不自信。这样的谎言让我们幻想出一个幸福之人，背后实际藏着一个我们绝对既不愿听也不想见的可怜人。这是无法接受自身实相之人的谎言。这是促使我们对自己说谎的谎言。这样的可怜人终究会化为虚无。

于是，身份认同障碍（trouble de l'identité）就离我们不远了。在这种谎言中，每个人的言论理应基于的真实已经变得不可设想。

《驴皮记》(*La Peau de chagrin*)[1]与《道林·格雷的画像》(*Le Portrait de Dorian Gray*)[2]便是例证。

在《驴皮记》中,拉法埃尔·瓦仑丹(Raphaël de Valentin)与一个古董商签订了魔鬼契约,但他拒绝衰老与死亡。这本小说讲述了人们面临享乐人生时的欲壑难填以及对衰老的否认。

奥斯卡·王尔德在《道林·格雷的画像》中借助道林的形象也表达了这一主题,道林拒绝身体的变化、衰老而沉湎于享乐主义。

拉法埃尔与道林,都甘愿在面对真相、面对映照出逝去的岁月与处于演变、缓和、消失中的欲望的镜面时,保持充耳不闻,视而不见,直至死亡。

他们反而会因此过早地死亡……

---

[1] 奥诺雷·德·巴尔扎克(H.de Balzac),《驴皮记》(*La Peau de chagrin*),哈蒂尔出版社(Hatier),2011。

[2] 奥斯卡·王尔德(O.Wilde),《道林·格雷的画像》(*Le Portrait de Dorian Gray*),口袋书店(Le Livre de Poche),2001。

在某些情况下，发生在镜像阶段的心理结构化很不幸并未完成，这就造成了精神病或前精神病状态。主体没有达到区分母亲与自己的阶段（"自我异化"moidifférencié），因此在自身与外部世界之间产生了混淆，此外，主体还会出现十分严重而无助的焦虑危机以及相当不稳定的情绪状态。

精神病患者无法区分真实与想象。他们会出现妄想症状，置身于混乱的时空之中，这也催生出了类似谎言之物，但这更多是一种寻找支撑的尝试，为了避免未实现结构化的"前-自我"（pré-Moi）的破碎断裂，精神病患者抓牢一个想象之物，以此作为支撑。

以否认自我来说谎，在这类承受巨大痛苦的主体中十分常见，这样的谎言呈现出最平稳和谐的形态，能够欺骗身边的人，但首先欺骗的却是自己。然而，意识到自己的谎言可能导致他们走向自我毁灭，正如让-克洛德·罗曼的案例。南特的杜邦·德利贡内斯案至今尚未明朗，让我们再次想起了罗曼案件中同样的犯罪模式。

1993年，消防员进入一处失火房屋后，发现了让-克洛德·罗曼的妻子与他的两个孩子的尸体，他们前一夜被杀害。行凶后，让-克洛德·罗曼吞食了药物并在家中纵火试图自杀。在此之前，他与父母共进午餐后将他们杀死，然后与他同样企图杀害的情妇度过了一夜。

在刑事调查中，一个十八年来从未停止向所有人说谎的男子形象浮出水面，让-克洛德·罗曼编造出了一个并不属于他的人生。他从未通过医学二年级的考试，却让大家相信他是一名在日内瓦世卫组织工作的杰出医生。他没有钱，而是以骗取亲近之人的钱财为生，直到负债累累、难以承受，感觉到真相即将暴露无遗时，他选择了杀死所有他妄想中的主角，然后了结掉自己的生命。让-克洛德·罗曼的案例已经被改编成了多部著作❶与一部电影。

让-克洛德·罗曼的特殊之处在于他的虚假自我构建于一个禁止说谎、必须成功的家庭之中。为了实现这种非此不可的自我理想，他别无选择，只能编造出一种人生……只能超出父母对他的厚望。

有意思的是，在中学毕业会考时的哲学测试中，他选择的题目为："真相是否存在❷？"

罗曼不像伯纳德·麦道夫一样是一个诈骗犯。麦道夫利用自己的商人声誉谋划出一个虚假的资产系统，操纵了世界各地的银行、明星、亿万富翁……诈骗总金额估计达650亿美元。罗曼患有精神疾病，迫使他不自觉地创造出一个新的身份来补偿内心深处的

---

❶ 爱丽丝·米勒（A.Miller），《睁眼看清我们自己的故事》（*Ouvrir les yeux sur notre propre histoire*），弗拉马里翁出版社（Flammarion），2001。

❷ 丹尼尔·塞特伦（D.Settelen），《罗曼案件：犯罪自恋》（*L' Affaire Roman: le narcissisme criminel*），阿尔马丹出版社（L' Harmattan），2003。

不适。想象战胜了事实。待到认清真相之日，这类患者会出现心理代偿失调，失去理性，转而用行动毁灭整个虚假的故事，毁灭并不存在的现实。

除了这种达到极端程度的案例，还有其他更为常见的伪造人生的方式。

伪造人生

我之前有提到过皮埃尔-让的故事,他会说谎,得到了从小就懂得操纵谎言的父亲保罗的言传身教。保罗自小学时起,就开始通过回应父母对其强烈的期望来操纵父母及周围的人,这让他可以自由地在家庭之外生活。在求学期间,为了给自己营造一个体面的社会与职业环境,他的谎言深入到了另一层面。他经常出入极右翼圈子,到处张贴政治传单,即使他在心里谴责这样的行径。作为一名法学学生,他假装自己学识渊博,通过伪造学术论文,尤其是编造与很多名人会面的经历成功毕业。之后,他声称自己毕业于一所重点高等院校。然而,他的大学教育只是让他在一个次级行政部门谋得了一个B类职位,这在他看来简直无法忍受。于是他试图插手其他分外之事，但由于等级划分带来的疑虑，他的这一做法很快被叫停，他被调到了另一个部门担任一个下属职位。保罗再一次感到不满，因为别人的目光对他来说至关重要，面子胜过一切。他参加了考试希望进入另一个行政机构，也如愿以偿。但就自恋维度而言，仅仅通过考试并没有满足他，这也是为何他让周围的人和父母都相信他是被授予头衔录取，这样才能让人高看一眼。保罗总是得在别人的眼光中、在他的家人与他的岳父母的眼光中去找寻自己。

事实上，保罗并非是扮演出来的。他在精神上二元分裂，他给自己编造了种种人生，其实是为了逃离、为了否认他无法企及的自我理想。他将所有知道他的真实经历、不会受他的谎言欺骗的人都排除在生活之外。

保罗内心深处的不适其实与对自我理想的苛求相关。这一自尊焦虑会导致他对自己说谎，甚至开始伪造自己的人生，他将不可避免地面临失实症

（déréalisation）与人格解体的威胁。

我们看到，保罗在所有可能充当面具的浪花之上随波逐流。他幻想敲开情报处的大门，在那里，隐瞒、操纵是尤其需要教导与培养的特性。这样的想法毫不令人惊奇。杜邦·德利贡内斯也向身边的人这样讲述。保罗隐藏自己，对自己说谎，欺骗并没那么容易受骗的身边之人。他只与他尚能够操纵的人来往。但这也导致他的交际圈要么不断缩小，要么成为造成保罗痛苦的同谋，因为他需要不断地说谎圆谎。

这种谎言造成的问题之一在于从父母到孩子的传递。像保罗这样的人，当他自己都不知道"合理"使用谎言的规则时，又如何教给自己的孩子？

对自我说谎：否认内在的不适与各种瘾

现实常常让人无法接受，我们的心理设置了一些防御机制，范围从简单的压抑到完全否认这一现实。

不幸地是，大量否认自我的案列都以悲剧收场。

对于怀孕的否认❶就是例证。每年都有1500名女性发生这种情况（每1000名孕妇中就有0.5～3例）。这些妇女的心理让她们意识不到自己怀孕了，而且身体与腹部尚未变大，或者说变化很小。周围的人也意识不到这种怀孕。而一旦宣布了怀孕，身体仿佛立马变形，从而让这位将来的母亲走向分娩。

---

❶ 如果否认发生在第5个月末前女性意识到自己怀孕时，就是部分否认；如果这种否认一直持续到分娩，就是完全否认。

一些否认的案例会导致母亲出现堕胎的情况（不到10%的案例）。这种否认也会影响未来的婴儿，他们要么根本不会出现，要么在极少数情况下才有可能出生。在大多数不否认的情况下，若是分娩没有发生在洗手间或浴室，腹痛则会促使这些女性去就医。

对于怀孕的否认，其原因并没有完全被探知[1]，这促使我们反思这种永无止境的对自己说谎、隐瞒自己深层次痛苦的能力。因为这些女性的特点在于，她们身上都带有对于怀孕的创伤感表现，这也导致她们否认怀孕，从而实现一种自我保护，免受一种在她们看来会摧毁自身的焦虑的侵害。

许多冲突蛰伏在我们身上。在弗洛伊德看来，这是一种生本能与死本能的抗衡，它将在我们身上以最激烈的方式呈现出来并支配整个世界。直到第二次世界大战的到来，弗洛伊德的这种十分悲观的看法[2]未

---

[1] 常被提出来的可能性是患有精神疾病。

[2] 西格蒙德·弗洛伊德（S.Freud），《超越快乐原则》（*Au-delà du principe de Plaisir*），作品全集，大学出版社（PUF），2009。

曾改变，在一战中他失去了两个孩子，自己也患了下颚癌，不得不进行了33次手术。死亡的阴影一直缠绕着他[1]。

因此，活着是一场永久的战斗，是一种与我们已知的有限性的无意识抗衡。面对焦虑，面对在某些人身上有时难以承受的死亡召唤，生命只能从指尖滑过，我们越是觉得这场战斗徒劳无益，痛苦越是会从我们身上夺走所有的欲望，所有生命的快乐。

> 米歇尔和克洛德在一次摩托车事故中失去了他们唯一的孩子。三年来，他们通过一些病态的行为举止来否认这一事实，因而不得不接受治疗。他们儿子的房间仍然原封未动。每隔两周，母亲米歇尔就会将儿子的衬衣清洗一遍并熨烫好。每天早晨，儿子房间的收音机闹钟

---

[1] 马克斯·舒尔（M.Schur），《生活中的死亡与弗洛伊德作品选》（*La Mort dans la vie et l'œuvre de Freud*），伽利玛出版社（Gallimard），1982。

都会按时响起，于是父亲会前往关掉，打开百叶窗，然后下楼准备三个人的早餐，在碗里倒满热巧克力。午餐、晚餐时也会进行同样的仪式，儿子的位置总是被保留。米歇尔和克洛德无法放手送走儿子，于是退缩到他们自己的世界中来。

意外的死因使得"服丧工作"的正常进程变得复杂，其实它呈现出的不是更为复杂，而是更为病态。

我们有时会将自己的生活投射到他人身上，交由他人代理。米歇尔与克洛德饱受丧子之痛，以致他们无法投身于没有孩子的将来。孩子难道就是父母的唯一成就、唯一活下来的理由吗？游离于理性之外，米歇尔与克洛德陷入了一个近乎封闭隔绝的世界。

以否认自我来说谎，这些谎言的共同点在于它们重死轻生。这也就是为何说谎者是首当其冲的受害者。生存，存在，就是成为自己。当自我无法或者再也不能自我表达时，我们就成了类似的行尸走肉。

在与丧生消防员的家属交流时，我发现了大量的遗孤紧跟他们去世父亲的步伐，不知不觉中成为了父亲的化身。这一比例在消防员行业中要比在其他行业（医生、公证员）中高得多，孩子们可能是为了向消防员父亲身上所体现的理想光辉靠拢。

这种趋向主要体现在消防员的儿子身上，我们注意到，无意识中继续扮演已故的父亲近乎成为了这些儿子的一种义务，尤其是当儿子与父亲的相貌也很相似时，这是丧亲家庭及其姻亲家庭着重指出的一点。否认自己的痛苦，而是为母亲、祖父母与兄弟姐妹着想，这些未来的消防员无意识中给自己施加了扮演他们父亲的义务。有时候他们甚至会不无骄傲地前往父亲的消防队，那里有父亲的同事，有人可能还会带他们去父亲的更衣室。

这样的举止会置这些年轻人于危险之境。通过压抑内心的痛苦并与逝去的父亲同一化，他们无意识中变成了行尸走肉。这种被设置的心理基石可能随时会开裂，尤其当他们身上仍然"存活"的部分与随着时间流逝不断减弱的属于对父亲角色扮演的部分出现分化时，焦虑与抑郁会突然出现，揭示了可能未曾开始的精神上的"服丧工作"。这些年轻人开始对自己说谎。而他们的家人则迫使他们沉溺在自身的脆弱里，诱使他们说谎。

所有的"服丧工作"都需要一定的精神力量。每一种服丧都是独特的，取决于多样的因素（年龄、与死者关系的持续时间、死亡的情形、家庭系统……）。为了表达这种心理过程的最终目的的严酷性，弗洛伊德指出，"服丧工作"意味着杀死死者。正是这种有时极为激烈的无意识心理活动，让我们从死者那里解脱并重新与现实接轨。它让我们重新与我们的生活责任建立联系，让我们意识到投入生活、参加各种活动、与他人交往、依附于其他的情感纽带能够让我们从中获得很多的自恋型满足。

各类的上瘾现象也让我们审视自身与生命和死亡的关系。酒精、在线角色扮演游戏、美食、运动……所有这些领域中的上瘾现象都有大量的相关研究。我在这里只考虑上瘾的极端案例，即上瘾者不是受奖赏驱动，而是被遏制不住的、强迫性的行为所折磨的情况。这样的患者已经失去了自由意识，成为了物的奴隶，可能就这样直至脱离社会，失去工作，一发不可收拾。

从每天不停购物的年轻财务主管，到藏匿罐装啤酒被发现的员工，再到日夜投入疯狂的"魔兽世界"这一在线角色扮演游戏的高级公务员……他们在生活中都面临着寻找立足点的问题。他们都在与现实的关系中对自己说谎，都进入了一个虚拟世界，以保护自己不受可能过于痛苦、紧张和难以忍受的现实的影响。

过去二十多年来，持有各种观点的心理学家都在就此提醒，这一问题变得越来越重要，因为我们看到越来越多的年轻人形成了多瘾症。

上瘾者，就像一个低龄儿童，在与某一物体的接触中获得快乐，并以自我安慰的方式享受这样的关系。他没有察觉到逐渐产生的自我封闭与孤立的风险。与他人的隔阂、与这仅有的能给我们带来快乐的"死亡"物体的唯一联结，让我们对在"享乐——自我毁灭"中得以发展的冲动关系产生了强烈质疑。这是上瘾者的悲剧，他们最终变得自欺欺人、被"诱惑"束缚，而被囚禁在这种唯一的关系中。

当一位患者反驳你道："我有病。酗酒被世卫组织确认为一种疾病"，你该如何作答？这位患者不幸地认同了他的疾病。他否认了属于自我的那一部分，如果他能够让这部分复活，就会战胜他的这种病态的强迫。

欺骗自己、否认自我，以这种方式维持分裂的自我，并不能促进愈合。无论何种情况下，它都阻碍了理解内在不适根源的必要内省。这种自我否认是如此强烈，一些人在现实中已不知所措，而通过自我毁灭的行为寻求庇护。

否认自我的存在

有时,我会面对一些特殊的患者。我能在他们身上感到一种生本能与死本能的真正冲突。有时,他们把这种冲突表现在充满印记的、阴郁的、苍白的脸上,几近彰显出的是死亡的痕迹。分析工作的开展让他们得以随着时间的推移明白内在不适的根源,生活障碍的原因,自我毁灭欲望的来源……

在研究这些患者感受的过程中,突然出现了一个转机。终于,他们从最后将自己拴在旧物上的病态镣铐之中解脱了出来,感受到了存在,走出了关于"他们不存在"的谎言。那些没有经历过这种斗争的读者很难理解这种感受,有时在咨询中遇见这样的患者,我们会反复尝试让这些备受煎熬的患者恢复活力,他们一度被这种痛苦囚禁在我称之为"非生命"的状态之中。

安娜是一名26岁的学生,对生活没有任何兴趣。她告诉我自己一直在勉强活着。尽管她有男朋友,有丰富的社交生活,但总有一层让她无法享受生活的阴霾,让她无法获得快乐。她常去几个俱乐部,但没有参与,只是去观察。安娜是生与死的窥视者。她不是自己人生的主角。

一年后,她终于告诉了我能够促使她走出人生坟墓的事件。在她8岁的时候,祖母去世了。她和一个表妹一起守灵。她观察着祖母的身体,对她来说,祖母似乎还活着。房间里没有任何大人,她和表妹都拿来母亲的化妆品来修饰祖母的脸。她们的手指在碰到祖母的脸部时,突然感到它是如此冰冷。通过一种同一化/投射机制,安娜和表妹看到、相信并使得祖母"起死回生",安娜发现自己置身于一个前厅:一边是死的房间,另一边是生的房间。该选择哪一边呢? 在排遣了这一事件带来的阴霾后,安娜逐渐进入了生的房间,重新找到了"正常"的快乐。

我记起了我们初次见面时她问我的一个关于治疗时长的问题:"我还有多长时间?"她仿佛是在问自己的寿命。当她给我讲述了祖母去世的故事后,我把这一问题再次抛给她。在过去,安娜其实对自己活着的感受说了谎。她一直感受到的是死亡。因而需要让她重新活过来。

否认自己的存在,通常与阻碍自己存在的焦虑与精神创伤有关。在安娜身上,则是过早地见证了死亡,又没有成年人足够的陪伴或解释,因而造成了心理的冲突。但是如何回答这类孩子的所有问题,尤其是那些始终不被发现的问题呢❶?

---

❶ 关于这一点,我想推荐的是一部优秀的作品:范妮·科恩–赫梅尔(Fanny Cohen-Hermel),《面对死亡,如何回答孩子的问题?》(*Devant la mort, comment répondre aux questions des enfants?*),帕斯卡尔出版社(Pascal),2010。

Partie III ◎ 我们为什么要说谎

让-弗朗索瓦的案例看似大不相同，但同样指向死亡威胁。35岁了，他却从未生活过……或是说躲在一大堆的面具后生活，他不向任何人展示他是谁以及他的感受是什么，无论是在职业生活中，还是在社交生活或是在家庭生活中。只有他的女友对其灵魂状态略知一二。让-弗朗索瓦唯一属于自己的时刻，是在舞台上。尽管他不是职业演员。没有人能料想到他不是在扮演角色，而是在展示生活中真实的自己。

通过这种无意识的计谋，让-弗朗索瓦找到了表达自我的空间，虽然是在他人眼光的庇护下，他们只能想到他是在作戏。相反，他的职业、家庭与社交环境赋予了他一些个性特征，但他对这些都置若罔闻。

在让-弗朗索瓦的童年时代，许多快乐是被禁止的，尤其是做自己的快乐。他的工作狂父母，已经成为了真正的机器人，在餐桌旁或到了晚上时，孩子们被要求不要太有活力，好让父母松口气。然而，孩子们理应通过讲述他们的一天，表达他们的情绪和愿望来生活……让-弗朗索瓦学会了什么也不表露，为了让自己符合父母的期待。在读七年级时，祖母的话让他误以为她要死了，这让他更加地自我封闭。因而，他从很小就禁止自己享受一些与父母的乐趣不同的快乐——几乎可以说全部的快乐。他同父母一样过着一种劳苦的生活。他感受不到自己拥有充分存在的权利。

然而，让-弗朗索瓦是一位年轻聪明又讨人喜欢的管理人员，他有很多潜力等待挖掘，但他拒绝做自己。他不需要说谎：躲藏在一个面具之后，扮演着父母体贴的儿子与侄子、侄女关切的叔叔……他与家人结成一体。当他开始摆脱这种瘫痪的关系时，让-弗朗索瓦立刻得到了象征性的惩罚。他如果允许自己有片刻存在的自由，就会受到某些限制（比如周末加班）的惩罚，哪怕只是为了吃一块糕点。

在一个禁止生活的乐趣、生命的快乐的结构中成长起来，让-弗朗索瓦成为了自己的囚徒，自那时起，他就不允许自己存在。存在，就是表达一些欲望与希冀，就是体验快乐，就是展示、"展出"自己的原样，不隐藏，不羞怯。让-弗朗索瓦无法做到这些。他把一切都封锁起来，只表现出生命的假象，面对他的实相，这些只是谎言。他是什么样的，取决于他在这些业余的戏剧舞台上展示了什么，同时又隐藏了什么……

这种时候，心理治疗师只期待一件事，那就是戏剧舞台最终能转变成人生舞台。再一次，出现了婴儿应该从母体中解放出自我的镜像阶段。让-弗朗索瓦能充分意识到他同样在个人与职业生活中进行的角色扮演游戏（比如，在不同的现实情景中，他会变成不同的人）。

只有他的自我被囚禁，没有得到表达。确切来说，他不是在说谎。他是在自我保护。

成为自身谎言的囚徒

在工作中,我遇见了不少患者,说谎是他们的病理症状之一。

在我们初次见面时,38岁的罗贝尔(Robert)向我讲述了他的工作给开展一段感情带来的困难。他没有透露更多的信息,但描述了各种能挑起对话者好奇心并将对方带入一个想象世界的情景。

作为精神分析师,反移情(contre-transférentiel)的感受(迫切想知道罗贝尔在第二次会面中会透露什么)让我看透了自己面对的是一个虚构故事。他的回想(这位患者按照时间顺序讲述了他的故事并回答了几个问题)让我感受到了一种充满波澜、非常丰富……过于丰富的生活，无论是在家庭生活的曲折中，还是在一些他所见证的事件中……他竟然成了一个特务！

第一次见面时出现的举止异常、某些特有症状以及45分钟内不着边际的讲述，已经让他有了精神病患者的嫌疑。

这种类型的谎言与其说是一种害人害己的企图，倒不如说是一种患者囚禁自我的妄想。罗贝尔来咨询是为了获得精神上的支撑，他同时还接受了药物治疗以调节自身与想象的关系。

除了这个极端案例，为什么一个囚禁在自身谎言中的神经症患者也不来咨询，从而打开自己，认同自己的身份呢？

在与被自身谎言囚禁的患者会面时，我每次都能听到他们无法走出牢笼的悲伤与懊悔。多年逝去后，有些患者做出了总结，关于我们的交流，关于他们对自身处境的分析，对恐惧与焦虑的反思……这正是下面这位来访者的情况。

我在巴黎的一个街角遇到他，距离最后一次咨询已经过去了好多年。但他认出了我，并上前和我说话，给我大致讲述了他的新生活，以及他对离婚后面临的批评与指责的适应。随着时间流逝，离婚变得在所难免，因为他已无法再忍受仅由谎言拼凑起来的社会橱窗。"早知道，我就早点儿离了！"他克服了自身的焦虑，逐渐超脱了那个充满无缘由的恐惧的世界。

即使他失去了一些朋友，即使他不再与许多人往来，他也重构了自己的生活，而且把它的根基迁移到了一个更为肥沃的土壤。

走出自己的"监狱"，来一场"越狱"总是有可能的，只要这种动力迸发于一个终于被倾听、终于能自由生活、终于能与我们的渴望归于一致的自我。

在一些案例中，谎言成为了精神病理学中必不可少的一部分。然而，与自我保持联结的能力可以让我们走出注定会让人迷失的谎言世界。

Partie III ◎ 我们为什么要说谎

**EST-CE LES MENSONGES QUI FONT LES HOMMES,
OU LES HOMMES QUI FONT LES MENSONGES ?**

Partie IV
谎言的逻辑

在谎言面前，我们才是最真实的我们。我们撒谎的时候才确定知道真相到底是什么样的。谎言没有想象中可怕，它比真相更真实。

我们的社会对于谎言持有一种十分模棱两可的看法，以及一些往往自相矛盾的评判。有时说谎被接受，甚至被鼓励，有时则被谴责，谎言并不是根据其本身被评判，而是根据说谎者的目的与动机。于是，谎言变成了一个十分相对的概念。而我们的评判又随我们受教育程度与文化背景的改变而改变。

在说谎的过程中，我们始终都极力避免被怀疑成是一个社会诈骗犯、一个情感操纵者或是一个情绪催眠师这样负面的人。

谎言往往只在一种好与坏的辩证关系中才能被理解。

然而，与白对立的不只是黑……其他所有不是白的颜色呢？

如何才能趋于真相呢？我们能否抵达呢？

需要只说真话并总是告诉别人吗？

还是首先通往真相，在我们身上寻找真相呢？

谁能够断言占有了真相呢？

真理（Veritas）一词指的是真实的，符合实际的事物的性质。但是除了知识的路径，该如何通往真实呢？如果说谎者有意通过说谎来伤害我们，或者相反出于一个更利他主义的目的，那么知道说谎的理由难道不会让我们的评判更公道吗？没有谎言的世界会变成什么样？一个只有虚假的世界呢？我们是会被那些从不说谎的人吸引还是会被他们吓到呢？面对那些向我们诉说真相的人，透露我们并不想听的关于他们的真相和我们的真相，我们会作何反应呢？决定我们评判方向与性质的，总是我们自身对谎言的感知。

但是做出公道的评判必须要了解说谎者的动机……

因为这是发生在我们人际关系中的一场真正的谎言的审判。即使怀疑不是永久性的，对于真诚的怀疑往往也会干预我们对一句话或一个举止的感知。

在21世纪，越来越多的人参与到对谎言的审判中来。但是目前的我们远非谎言探测器，没有那么值得信赖。

人类，如果说算不上妄想狂，却也永远感觉自己被谎言威胁。因为谎言让我们害怕……更何况它无处不在。而令我们担忧的，则是谎言的影响与后果，以及被欺骗或被操纵后的感情。

以致我们去制造新的谎言探测器，识破能够暴露说谎者的迹象，创立识别谎言的学校……

I 说谎是个技术活

话语之外，说谎还须借助的是举止情态。我在讲述动物的谎言时有提过，动物懂得十分机敏地模拟、隐藏与伪装，从而能够在一个凶险的环境中存活。

作为更发达的生物，人类最先学会了使用口头谎言（mensonge verbal）。我们看到，人类最初是无意地说谎，后来则变成了谎言的创造者。但是5岁以下的儿童会有这样的体验：口头谎言在最初的使用中，无论如何都是不够的。一旦到了8至9岁，儿童便开始运用一些面部表情、虚假的情绪或情态，从而进一步掩饰自己的谎言。

用微笑否认一些事情并没有多大用处。相反，装出一副愤慨的神情，为竟然有人认为我们说谎而感到受辱，去寻求正义……这让我们变得更加可信。

许多研究中心观察并分析了我们的口头与非口头行为。

保罗·艾克曼是研究谎言的国际专家之一，其关于测谎方式的作品极为畅销❶。曾经担任美剧《千谎百计》(Lie to Me)的顾问，还是情报处与联邦调查局的培训工作者，在过去四十年来，艾克曼致力于通过人们的面部表情与话语来研究情绪。其研究工作成为了众多得到美国家心理卫生研究所（National Institute of Mental Health）认可的科学文章的探讨对象。在他看来，面部表情最多地泄露了我们的情绪，要比其他部位（比如手）多得多。他还致力于研发调试人脸识别测谎仪。

---

❶ 保罗·艾克曼（Paul Ekman），《我知道你在说谎！》(*Je sais que vous mentez !*)，米歇尔·拉封出版社（Michel Lafon），2010。

其他的研究者——比如普利茅斯大学的阿尔德·维吉[1]或者雅克·皮,克罗蒂娜·比朗[2],以及图尔医科教学及医疗中心(CHU de Tours)的卡罗尔·乔纳斯[3],还有很多其他研究者——开辟了将谎言检测知识应用到犯罪学研究的道路。他们的成果被大量的培训中心采用,这些提出要培养出真正的谎言"探测器"的培训中心在世界范围内不断激增。

然而,这些研究者一致断定,除了一些说谎迹象

---

[1] 阿尔德·维吉(Aldert Vrij),《检测谎言与欺骗,说谎心理学及对专业实践的启示》(*Detecting Lies and Deceit, The Psychology of Lying and the Implications for Professional Practice*),威立出版社(Wiley),2000。

[2] 雅克·皮(J.Py),克罗蒂娜·比朗(C.Biland)及其他所有人,"通过三种言语与非言语分析技术来评估证人的真诚性"(Éva luerlasincérité d'untémoingrâce à trois techniques d'analyses verbales et nonverbales),《欧洲应用心理学杂志》(*Revue européenne de psychologie appliquée*),1999。

[3] 卡罗尔·乔纳斯(C. Jonas),"说谎的身体与言语迹象"(Physical and Verbal Signs of Lying),《医学心理学年鉴》(*Annales médico-psychologiques*),爱思唯尔/马森(Elsevier/Masson),页码165,369-371,2007。

外，并不存在严格精确的检测标准。只有那些身经百战者，拥有受过训练的眼睛与耳朵，才能达到80%的检测准确率。此外，要当心成见与夸大，一个紧张与内敛的人可能会与一个真正的说谎者做出相同的举止，采用相同的口头或非口头表达。

那么，如何不出差错地检测出那些几乎无懈可击的说谎者呢？

这或许要记住不仅存在口头谎言，也存在非口头谎言。

换言之，不要信赖说谎的唯一途径：不仅要听说谎者说了什么，还要看说谎者暴露出的举止。

口头谎言：使用说明

实现社会化的方式之一是口头性（oralité）：笑声和话语。这二者都让我们想起了婴儿最初的情感联结，以及情感心理的发展。当一位母亲或者父亲哺育自己的孩子时，他们会对婴儿讲话，对婴儿笑，并按时喂奶，如果婴儿的行为太有攻击性，父母就会用一个眼神或一个词语表示责备，我们最初与父母的交流就是借助眼神和话语进行的。

婴儿，在口头表达上处于被动（除了哭声外），就是以这种方式掌握了最初的日常交流的方法。因此，婴儿的眼神也将能被理解与阐释，一点儿也不需要借助口头表达。

但是，从最初的只言片语开始，出于彰显自身存在的目的和愿望，即使屈服于父母与社会在教育方面的要求，儿童也会以说"不"的方式反抗父母。这是他们开始表达愿望的方式，他们也以这种方式激怒了父母。有过被父母拒绝的经历，为了不失去他们的爱，一种需要顺从父母意志的爱，于是儿童开始说谎。他们的虚构之物，以及用来构建自我的想象世界也将参与其中，正如我们在本书的第一部分所见证的一样。

儿童的谎言始于简单的一句"不，不是我！"然后开始了没有多大把握的口头编造……接着，几年过后，儿童将能提供一些稍微经过思考的理由。面对失去父母关爱的恐惧，儿童选择借助谎言来自我保护。

我们不必将这一点看得过于严重：若是父母坚决要听真相，儿童很容易迫于压力如实招来。但是出于一种从父母的情感支配中解脱的愿望，青少年就会牢牢站稳，正面顶撞。成人拥有了多年的实践经验后，能够更加镇定自若地操纵口头谎言。

但是，对父母谴责的目光感到无意识的恐惧，这造成了婴儿期的焦虑，一种接受惩罚的焦虑，这些焦虑带来了后遗症，在我们身上会出现一种改变我们表达方式的情绪应激（stress émotionnel）状态。也就是说，尽管成为成年人，我们仍然对这些早熟的心理-社会-情感关系保留了一种记忆痕迹（trace mnésique）。

我们说谎时会出现的这种"情绪应激"状态，将通过我们的自主神经系统（système nerveux autonome）实现，并导致一些非自主行为的出现，还会对呼吸、心血管、消化功能产生影响。我们的一些行为举止也会因此改变。

一些软件能够检测出说话时偶尔十分轻微的音调变化。音调变化的振幅越大，焦虑的程度越高，越是意味着我们面对的可能是一位说谎者。

有必要再次强调，下面列出的一些行为标准，在说谎者身上经常出现。

在一次实验中，一名受测者先是按要求正常表达（用直白的或生动的语言），然后按要求编造一个故事。软件检测到了显著的区别。

当人们说谎的时候，我们观察到了以下特点：

◆ 嗓音变得更尖；

◆ 呼吸更加急促，甚至会叹气；

◆ 说话有些含糊不清，甚至口吃；

◆ 需要清嗓子，吞咽口水（口干舌燥）；

◆ 音调提高；

◆ 话语被频繁的停顿一再打断。

究其本质，我们注意到：

◆ 似乎经过准备的措辞，过于顺畅（仿佛

大段台词）;

◆ 为了填补空白而增加了过多的细节与解释;

◆ 由于缺少迟疑（"唔"，"嗯"……）而出现一些口误或差错;

◆ 不断地尝试更换话题;

◆ 重复对话者的用词;

◆ 试图节省时间;

◆ 假装愤怒（"我不是一个说谎者"）;

◆ 表达真实的词汇库（"坦白地讲"，"说实话"，"说真的"……）;

◆ 使用大量的副词（"难得"，"几乎"，"基本上"，"通常"，"偶尔"，"从未"……）

我要再次强调一下，一个高度情绪化的人，即使出自真诚，也可能会有上述中的一到几个特征。

如何解释讲话中出现的这种能被察觉到的变化呢？简单说来，是因为说谎者仅有时间准备一个解释或者回复。生怕出现太多的问题以致让自己被揭穿，说谎者必须在最短的时间内使对话者信服，并用滔滔不绝的话语阻止对方提出过多的问题。对其话语真实性的疑虑需要被迅速模糊处理，借助一些词语、一些细节，以及一种催眠式的口吻……然后才能转变谈话主题，走出这一让说谎者担忧的话题。

让我们列举三个例子：

一个在伙伴家度过一小时而不是回家学习的孩子，将会讲述最后一节课的所有细节，这节课持续了很长时间，因为老师希望在下周的测试之前结束这门课程。但是，不走运的是，自己错过了公交车，不得不等下一辆不会来的车，因为正如母亲所言，公交系统应该在罢工……孩子将一边讲述这些，一边放下东西，拿走点心，并迅速溜回自己的房间。事实上，在这个孩子心里，唯一的担忧在于到家的那一刻母亲的疑问："为什么这个点儿才回来？你去了哪里？"

对于那些连三分之一的任务都无法完成的人，他们也有可抱怨的地方："没完没了的会议……白费力气！客户不打招呼就来。况且，你知道的，最里面的那个小会议室信号不好。"

对于一对不想去50公里外参加婚礼的夫妻，他们会候在市郊边缘，然后打电话给新娘："在出巴黎的时候，我们的汽车抛锚了。听见声音了吗？说真的，我们会想尽办法到达的……但现在还在等拖车，我们也不能确定。真的太抱歉了。你怎么样了？快出发去教堂了吗？"

对于那些认为谎言越大，越易使人相信的人……

我在前文中提到，弗洛伊德对于谎言有所关注。

尤其是在失误中，他发现了一种对于想要隐瞒之事的招供形式，这种招供本身就具有一种揭示性的价值，突如其来又不容置疑。在他看来，即使谎言是自然的、从小习得的，我们的无意识也会促使我们以失误的方式突然间"松开"真相。弗洛伊德区分了两种失误❶：

口误（lapsus linguae）：把"会议开始"说成了"会议结束"；把"他将做决定（décision）"说成了"他将明天辞职（démission）"……

笔误（lapsus calami）：把"我很荣幸（honneur）告诉您"写成了"我很害怕（horreur）告诉您"……

言语本身包含着篡改真相的可能性，同时，因为在任何时候都可能通过我们的无意识时状态泄露真实信息，它又很"脆弱"。或许是出于面对谎言时的负罪感，或许是误以为言语是万能的。

---

❶ 西格蒙德·弗洛伊德（S. Freud），《日常生活心理病理学》（*Psychopathologie de la vie quotidienne*），作品全集，法国大学出版社（PUF），2009。

在面对他人的目光与倾听时，只有言语似乎还不足以确保谎言能奏效。

我们的交流模式发生了改变，不得不指出，我们越来越倾向于电子邮件与网络论坛。这些新媒介让我们得以想象、甚至是形象化说话者的口吻、声音……我们能更容易地想象出一种情绪，一位对话者。一封邮件就这样变成了人类，阅读它便能带来与人直接交流的错觉。

这种媒介上的交流并不是即时性的，而是远距离的，让人能够花时间回复并提供论据……这样就有可能更好地隐藏我们的谎言，即使在笔误中还是会泄露，因为无意识的发言权力是无可争辩的！

但是，具体而言，我们是如何进行非言语交际（communication non verbale）的，又是如何能够借助肢体语言（gestuelle）来说谎的呢？

不说话就能说谎，这有可能吗？

这样，谎言就不只是在言语层面了。

事实上，当我们交流时，肢体语言比言语（parole）传达了更多的信息。说谎者为了欺骗我们，便使用了这种我们的大脑会在无意识中感知的交际模式。

交际的原理之一在于发出者通过一个交际渠道向接收者发送信息。不仅在两位对话者之间建立的交际关系是如此，在一个人与一台电脑，或是在两台机器之间也是如此。

在发送信息的过程中，信息一旦被接收，接收者身上便能观察到一种行为反应或者一种举止上的变化，并能立刻被发出者所感知或反馈。发出者通过这些反馈获知其信息是否被正确地接收与理解。

```
┌─────────┐    ┌──────┐    ┌─────────┐
│ 发出者  │───▶│ 渠道 │───▶│ 接收者  │
└─────────┘    └──────┘    └─────────┘
     ▲                          │
     └──────────反馈────────────┘
```

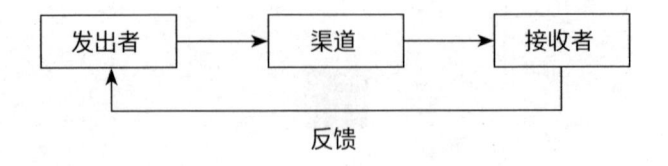

这一交际循环模式要比上面简单的示意图复杂得多。因为还必须要考虑到，发出者发送的信息是语言代码和子代码的集合体，会根据双方（成年人与孩子之间，两个陌生人之间……）的言语能力、所处的社会情境（操作语言，职业行话……）、讲话者的声音波动（音调，某些词语的重音，沉默……）以及所进行的社会互动（老师对学生的影响，医生对患者的影响……）的变化而变化。

20世纪50年代出现的帕洛阿尔托学派（école de Palo Alto），也被称作"隐形学院"（collège invisible），其主要的代表人物有格雷戈里·贝特森、雷·伯德惠斯特尔和保罗·瓦茨拉维克，该学派主张从人文科学的角度理解交际。在他们看来，任何的互动情景都极为复杂，因此试图将这样的情景简化为两个或多个线性"变量"（variables）只能是徒劳无益。就复杂水平与多元语境而言，他们将交际作为一种循环过程来探讨。尤为重要的是，考虑到了举止的交际功能，他们提出了肢体语言的假设。

雷·伯德惠斯特尔研究的出发点为：非口头言语活动（langage non verbal）能够传播更多的信息且存在一种真正的身势学（kinésique）。在他看来，口头方式在交际中所表达的社会含义不超过30%~35%。因此，非口头方式在表意方面将更为丰富。

保罗·瓦茨拉维克正是在这一点上补充道："人不能不交际。"他定义了一种非言语交际，且后者存在的必备条件是一种同类交流方法，即一个全社会共享和理解的信号系统。不仅有包含社交功能的举止，还有另外一种传达无意识信息的交际形式。

为了证明非言语交际的存在，我和我的学生们做了一些实验。在第一个实验中，交际双方互不可见。通过在两位对话者之间放置一块挡板，我们试图确定这样是否会引起举止和/或言语上的调整。

在我们面前呈现了两种假设：

◆ 不可见是否会导致非言语交际的贫瘠？

◆ 是否存在一种言语交际（communication verbale）对于非言语交际的补偿？

在评估了说话、停顿与沉默的时间，以及语调重音和对话内容后，我们发现即使学生间交流的协调性（synchronisation）受到了影响，非言语交际仍然一直存在。只有沉默的时长与话语的重叠部分增加了。

为了深入研究，我们进行了第二个名为"运动受限"的实验。

受测学生分别坐在一张具有特定用途的扶手椅上，他们的行动受到了限制。只有5个区域能保持自由活动，即眉毛、眼睛、嘴巴、手和手指以及躯干。这些学生按照要求自由讨论，相互谈论他们的学业，他们的大学生活……本次实验共分三个阶段进行：活动不受限的10分钟，活动受限的15分钟，以及活动受限的20分钟。我们要观察这种限制是否会对言语交际和/或非言语交际产生影响，以及限制的时长是否会对言语交际和/或非言语交际产生影响。

我们发现除了躯干，所有可以活动的区域都受到了影响。确切来说，在受测者向对方讲话的阶段（持续20分钟时），我们注意到上述五个区域中的三个区域的运动都有所增加（眉毛、眼睛与手）。

在倾听对方讲话的阶段，我们同样发现了嘴部运动的增加（持续20分钟时）。

我们还观察到受限的时长会对言语交际产生的影响。

事实上，当限制减少时，对讲述产生的想象就会减少。换言之，当身体某些部位的非言语交际减少时，身体另一些部位的非言语交际会有所补偿。

第二个实验所表明的是，言语需要运动的参与。这种身体的运动机能可能不是紧张造成的。

第三个实验则可用来研究我们的举止与讲述之间

可能存在的关系。我们让语言表达能力各异的学生互相交流，让他们谈论动物。

实验表明，在一些不太擅长的话题上，语言表达能力较好的学生会比其他人运用更多的肢体语言。这似乎展现了运动活动（activité motrice）是交际的固有特性。

从这三个实验似乎可以总结出以下几点：

◆ 言语与非言语交际相互关联又彼此独立；

◆ 运动活动可能是交际必不可少的一部分；

◆ 在话题的复杂性、言语活动的密度以及运动活动之间存在一种联系。

这些结果能够让研究者不再局限于简单地探知口头上说谎的迹象。通过一些可察觉的举止特征，也有可能识破一个谎言。所以并非只存在口头上的谎言，也存在举止上的谎言。

换言之,超越了言语层面,举止能够辅助口头谎言,增加言语的可信度。

谎言的戏剧：演员/说谎者的举止与情绪

在证明了存在一种非口头言语活动后，研究者立即试图去辨别举止与情绪表达上的差异，旨在确定一种谎言的类型学。

同口头言语活动一样，也不存在典型的举止。最多是一些反复出现的迹象，且只有受过训练的眼睛才能够甄别。

阿尔德·维吉等科学家认为，这种举止上的变化源自怕被对方目光识破的想法，或者相反，我们调整自身的举止（即使在说谎时，举止仍被认为在说服他人的任务中居次要地位）是为了增强话语、尤其是叙述内容的可信度。这两个假设已经被证实。

事实上，我们的社会文化背景会影响我们与言语或非言语交际之间的关系。

此外,我们都和自身的话语、举止与情绪有一种或多或少的特权关系,且这一关系在任何情况下都是独一无二的。

因此,我们都有可能在检测谎言时犯错……到头来也会被误认为说谎者……或是被指控在说谎。

但是,什么样的举止会频繁出现在说谎者身上呢?

说谎者并不存在典型行为,但会经常有以下举止出现:

◆ 手部动作所占空间很小,双手甚至被隐藏起来,或者拿着经常把玩的物品;

◆ 频繁触摸脸的下部:鼻子、下巴,特别是嘴唇,说谎者可能反复抿紧嘴唇;

◆ 吞咽口水是重要特征(口干);

◆ 眼神要么躲闪，要么固定，很少眨眼；

◆ 说谎时瞳孔放大（紧张现象）；

◆ 频繁微笑和出声笑，经常叹气和吸气；

◆ 双臂交叉，仿佛为了表示一种怀疑或是为了自我保护。

这些观察到的行为变化中，有很大一部分与所有说谎行为中都存在的紧张因素有关。事实上，说谎时自主神经系统会被强烈激活，促使荷尔蒙（儿茶酚胺，包括肾上腺素和多巴胺）的分泌，进而导致呼吸加剧与血管扩张，其直接影响是让我们想要抓挠自己身体的某些部位，变得口干舌燥……

因此，我们无意识且不受控地泄露自己的情绪，在很大程度上归因于对"被逮住"的恐惧。

所以，若要检测一个说谎者，需要我们观察、分析并剖解一系列的因素与数据。一个情绪化的人，即使是真诚的，也可能展现出一些我们认为可疑的行为。

在交际时，一位意大利人与一位德国人交际时的肢体语言可能有所不同。我们怀疑谁在说谎？这个人有着怎么样的经历、个性、文化程度、心理状态、情绪化程度？对这些问题的回答将有助于我们避免错误的判断。

至于那些被表达的情绪呢？我们能否识别出假装的情绪？

请独自或者与朋友、孩子、丈夫或妻子一起在镜子面前做一个实验。让自己依次重温能引起以下情绪的事件：首先是悲伤，然后是愤怒，接着是惊讶、惊恐、焦虑、喜悦、恐惧……给处于每种情绪的自己拍一张照片。你会发现，每一种情绪，区别于其他情绪，都有自己独特的特征性面部表征。

比如，喜悦时需要运动眼睛周围的肌肉，恐惧和悲伤则会导致额头的褶皱……其幅度与这种情绪的表情一样多变。

然而，如果说存在一些历来被说谎者假装的情绪，可以说主要是挤出的微笑、虚假的喜悦、佯装的悲伤……

情绪的真诚表达需要自主神经系统的参与，因此，这是一种情绪的释放。换言之，真诚的情绪表达是没有克制、没有收缩的。

试着在镜子前做同样的实验，但不要回忆引发这些情绪的事件。假装模仿一下之前的情绪，并给自己拍照，独自或几个人一起完成实验。佯装的情绪将显而易见。完美的说谎者必须是一个好的演员，才能模仿出只有真诚的情绪才会有的一种释放。

在演员工作室（l'Actors Studio）[1]的材料中读到了一句有意思的话："演员必须在自己身上汲取情绪

---

[1] 演员工作室（L'Actors Studio），成立于1947年，其著名学员包括伊丽莎白·泰勒（Elizabeth Taylor）、马龙·白兰度（Marlon Brando）、詹姆斯·迪恩（James Dean）、罗伯特·德尼罗（Robert De Niro）、汤姆·汉克斯（Tom Hanks）、约翰·马尔科维奇（John Malkovich）、西恩·潘（Sean Penn）。

与情感，这个过程给予了演员充分的自由，并催生出一种始终基于真实的表演。"

这就是斯坦尼斯拉夫斯基演剧体系。斯坦尼斯拉夫斯基（Stanislavski）是位苏联演员、导演和戏剧教育家。其革新性教学深受即兴喜剧的启发，他认为所有演员都应该潜入自身的情感世界，通过成为自己，创造出人物的情感生活。

对斯坦尼斯拉夫斯基❶来说，演员的演技好坏并不重要。表演一定要真实。这高于一切。

说谎需要一定的天赋。检测出一位说谎者也需要良好的训练。

因此，说谎首先是一幕戏剧。两个演员：一个说谎者，一个受骗者……一个发出者，一个接收者。

什么样的联系将他们联结？真相？但是什么真相？

---

❶ 康斯坦丁·斯坦尼斯拉夫斯基（C. Stanislavski），《演员的自我修养》（*La Formation de l'acteur*），帕约出版社（Payot），2001。

II 谎言比真相还真实

对讲话的分析、对举止以及情绪连贯性的观察并不能使谎言的检测比备受争议的测谎仪更加可靠。那么，是否应该求助于更为现代化的技术呢？科学能否有朝一日结束这种欺骗的游戏，让人们变得透明呢？无论如何，这是一个长久以来的幻想。早在18世纪，德国神经学家弗兰茨·约瑟夫·加尔就建立了他的颅相学理论，根据这一理论，头盖骨的隆起或许能揭示出人格特性。

弗兰茨的研究之后，意大利人龙勃罗梭试图总结各类犯罪分子的典型相貌，并发明了一种通过测量血压来测谎的仪器——测谎仪的前身,它可以测量多个生理参数(心率、呼吸……),并在20世纪得到发展。我们想必都记得电影中嫌疑人"被测谎"以证明其诚实可信的场景。

相信谁？

一家美国实验室利用功能性磁共振成像（fMRI, functional magnetic resonance imaging）技术提供了备受争议的服务。

fMRI技术是基于以下发现：大脑的不同区域如果被调用进行一项特定的活动（无论是运动、说话还是视觉活动……都将调用特定的区域），就会消耗更多的氧气，因为氧气分子存在于供应中枢神经系统的血液之中。由于存在一个基于测量含氧血与缺氧血之间的磁场变化的系统，大脑皮层的激活区域（直至1毫米）可以被十分精确地绘制出来。

这种方法是非侵入性的，即不需要注射任何物质。受试者只需躺在这台带有磁场的机器里，遵守一个持续约20分钟的实验计划。

该实验室的理论支撑建立在这一事实上：说谎需要大脑既考虑抑制真实的反应，同时又传达虚假的反应。

抑制真正的反应将调用前扣带皮层，这是大脑中与杏仁核相连的部分，是参与管理情绪的区域之一。

事实上，在我们非自发的情况下，前扣带皮层的活动还可能在情绪调节时被加强。

另一方面，传达虚假的反应，将需要我们大脑的眼窝前额皮质的参与。

因此，这家美国私人测谎公司邀请受试者回答一系列问题，有的微不足道，有的则与显而易见的事实相关（例如，唐纳德是美国第47任总统；埃菲尔铁塔在巴黎……）。受试者用是或否作答。

这一实验方案基于比较当我们正常思考时和当我们编造谎言时，大脑的激活区域，更确切地说，当这两个区域消耗更多的能量与氧气时，这时更为强烈的大脑激活。

麻省理工学院全面驳斥了这种通过绘制说谎专用区域来检测谎言的尝试。对于这些著名科学家而言，思考的行为总是会激活大脑的多个区域，如果涉及重温情感场景、算术或是对所做决定的反思……这种激活总会或多或少地有所体现。

但由于上述实验宣布有97%的成功率，大量美国人前来测试以证明自己的诚实可信。

中世纪实行的方法距今已经十分遥远，当时的法官会把面粉放进被告人的嘴里。如果嘴里保持干燥，被告人就会被判刑。

然而，科学界一致认为说谎的秘密尚未被发现。

事实是，目前没有任何工具能够有效地检测谎言。科学的进步也许有一天会揭开我们的思想与隐秘意图之谜。那么是否应该为之欢欣呢？这就不得不让人怀疑了。

对真相闭口不谈，是说谎吗？是不真诚吗？

萨沙·吉特里曾说："可能将生活中的一切扭曲的是，我们确信自己说的是实话，因为我们所说的正是我们所想的！"

谎言与真相的问题，已经不止一位哲学家对此展开过思索，特别是康德，他把说真话的义务与道德联系起来。

精神分析学则并不从道德主义的角度看待谎言。如果我们要思考谎言，那就要思考在我们的主体状态中谎言所维持的关系。

比起谎言，真诚更加让我们深思。

我们对自己是否真诚？还是说我们对自己也会说谎？

当我们的语言和思想没有被掩盖或歪曲时,便会尽可能地接近我们的实相。在这种情况下,这一实相几乎不能被质疑、否认或拒绝,它会成为一种现实,因为它属于我们。

真诚在某种程度上要求裸露自己,摘掉面纱……不再躲在面具之后。因为趋向于真诚就是与自己对话。

我说的是"趋向于"真诚,因为变得真诚、成为真诚,是一个需要我们在内心深处、在无意识的渊薮,去深刻了解自己的一种行为。

从这个意义讲,彻底的真诚在心理层面上是不可能的。

这需要有足够高的成熟度,能够控制我们的心理,从而避免无意识对我们的言行的操纵。

变得真诚,"驱散"谎言,将意味着在有意识与无意识之间,在我们有意识的自我(Moi conscient)与深层的自我(Moi profond)之间建立一个永久的辩证法。

这或许是对荣格哲学的赞同，为了与我们的"本我"（Soi）建立联系，让它获得发展，得到实现。

然而，现实情况、生活需求、社会准则与人际关系使得这条通往真诚的道路，即使不是不可能，也困难重重。

我们的世界并非只是谎言，但它要求我们不能完全真诚。

弗洛伊德精神分析学告诉我们，说谎是说真话的一种方式，但那不是真诚。说谎不是什么都说，而是去展现自己是谁又不是谁，什么可以说，什么不应说，什么应该想，什么不应该想……说谎，就像自以为掌握真相一样，既是对自己的一个伪证，也是做自己。

但是，善于说谎需要不对自己保持盲目，以防深陷于谎言对自身的异化。

因此，若要懂得说谎，在不自欺欺人的意义上，需要经常进行认识自我的训练。对自我的认识于是成为了真相的第一现场，成为了与他人进行一种更为真诚的交流的前厅。

实现真诚或渴望展现真诚不仅需要做自己，需要对他人真诚，还要在与他人的交流中避免做两面派。因此，我们应该去思考、去了解谎言的含义。真诚并不能驱散谎言，但也不会迫使人们说谎。它使自我与他人的关系更为人道化，使得人们更加彼此尊重，并消除了可能存在的不良意图。

真诚还会质疑谎言的合法性。

我们不能、也不应该利用伪装与谎言来作恶，除非我们忽略了对说谎后果的思考与衡量。

康德写道："真诚是人首要的主观秉性。"

因此，我们不能成为自己的陌生人。

说谎，就是在忘记对方的同时忘记自己。

诚然，真诚或许是一种理想主义。

但保持真诚、说真话本身就是一种考验：做自己的考验！

让我们回想一下卡塔尔·莫罗的经历，他在一年中只说了三次谎。

这种考验是在他人面前，在互相尊重的情况下，在与他人一致的真诚中做自己。

因此，只要不破坏关系上的真诚，即将我们彼此相连的情感，说谎在某种程度上是被允许的。

同样，除非双方都在寻找自我的实相，否则真诚就是不可能的。而有些东方哲学则可能导致了一些人对这种真诚深信不疑。

但是，被自我束缚之人是否注定要绝对无知？

我们必须能够听见自己说话、听见自己说谎，以便去感受是否是另一个人而非自己在表达自己。

谎言可能是一种必需品，但我们应该识别它的原貌。

因此，我们不能不了解自己，否则将冒着自我死亡的风险，正如上文所述的第三类谎言。

在精神分析治疗的过程中，来访者常会听到自己在陈述真相，关于自身的真相。来访者的表达是真诚的，其话语充满了诚意。然而，要经过一定次数的治疗，持续数月……来访者才会发现第一次治疗时的真诚并不真实。在第一次治疗时，一切似乎都说了，但来访者实际上对自己的话充耳不闻。

我们称之为真诚的东西并不一定是真相，更远非现实。

每个说谎者都是真诚的。但不是每个说谎者都被置于自身的实相中。

真相必然会让我们受到自知之明的约束。

思考谎言、趋向真诚，意味着逐渐不再是自己的客体，而是趋向于一种自由，主体从纯粹的谎言中被解放，也就是说富有远见，能充分意识到自己的行为。

因此，说谎者成了携带真相的人，我们需要了解其动机，当无人评判或谴责时，说谎者便能向我们表达这些动机。

正如我们所见，谎言中总有意义。

诉求真诚、要求真相，就是通过倾听对方是谁，倾听其谎言的必要性，来接受对方。

III 准备好面对更有逻辑的真相了吗

自从妻子玛丽去世后,保罗一直活在自己的世界里。

埃里希·科恩戈尔德的歌剧《死城》(die Tote Stadt)❶的故事就是这样拉开帷幕。这是一部关于谎言的作品……

这部作品的各种演出聚焦的是我们封闭自我的谎

---

❶ 这一歌剧的题目源自若尔日·罗登巴赫(Georges Rodenbach)的著名小说,《死寂之城布鲁日》(Bruges-la-morte),拉博出版社(Labor),2009。

言，以及我们诱使他人所说的谎言。

保罗因年轻妻子的去世而痛苦，于是自欺欺人，即将陷入疯狂……直到后来才走出阴霾。

对自己的孤独感到不安，保罗大部分时间都躲在一个房间里，这个房间已成为献给死去的玛丽的陵墓，他的管家和最好的朋友则强行打开了他所退居的这一危险之境。

保罗生活在其妻子的画像之间，并特地保留了她的一绺长发。

后来他告诉朋友自己在喷泉边遇到了一位年轻女子玛丽埃塔，就在他遇到玛丽的地方（请注意玛丽和玛丽埃塔的相似之处）。

在第一幕结尾处的疯狂场景中，保罗看到了前来探望他的妻子……她的到来以音乐的形式表现在一种低语中，萦绕在他身边的幽灵的低语。

保罗于是陷入了谵妄，玛丽埃塔是一名剧团女演员。他渴望她，勾引她，并在一天晚上邀请她到他家。

在最后一幕中，玛丽埃塔发现了玛丽的那绺头发，并把它戴在头上（在2009年巴黎歌剧院的演出中，玛丽埃塔则是逐渐掉发，直至变成秃头，这象征着对死亡的否定）……这对保罗来说是一个无法忍受的行为，于是他用这绺头发勒死了她。

他突然就这样从之前的疯狂中解脱出来，并开始思考如何离开这座故城，到其他地方去重构自己，他的朋友终于感到他决定从过去的崩溃中走出来的决心了，他还把一些对自己来说似乎就是现实的妄想告诉了朋友。

这一悲剧引发了我们的各种思考：

◆ 我们能对自己说谎到什么程度？

◆ 我们如何帮助那些对自己说谎的人？

◆ 我们该对那些对我们说谎的人说些什么？

◆ 我们是说谎者的同谋还是受害者？

识别他人体内的说谎者

几年前,我主持了一个晚宴。在场的嘉宾中有一位亲密的朋友,我还邀请了他的新女友。这是一个认识她的机会。门一打开,除了再次见到这位朋友的喜悦之情外,我对被介绍给这位年轻女性感到非常不适,她表现出一种隐藏在面具背后的真真切切的病态。这顿晚餐的场景依旧停留在我的脑海中。这位年轻女性几乎在所有事情上都说谎。

我的一位同行朋友,一有机会就在做了一番非正规分析(analyse sanvage)后,谨慎地和我谈论起这一话题。这位女性使用了我之前提到的所有说谎技巧。在此次晚餐中,当她提到职场生活中的一件轶事时,出现了一个小插曲。她讲述了一场特殊的活动,说自己担任要职，却不知在场的一位客人是这场活动的共同组织者……但他从来没有见过她！他不想引起任何的尴尬，他是第二位明显有些担心这位年轻女性的心理健康的客人。

晚餐后，我开始思考如何提前告知我的这位朋友。这位女性似乎患有相当严重的身份认同障碍。我很快安排与他共进午餐，并告诉他我的担忧，指出他的女友讲话中的不连贯之处，以及她在许多事实上的说谎。唉，这种情况下，可想而知，我的论据未起到任何效果。相反，他对我突然告知的真相感到愤怒。他们的这段关系持续了一年多，后来他认识到了这位女性的谎言，才和她分手了。

这有点像父母试图警醒的青少年的反应，当我们被自身的情绪、感情所掌控时，我们会对别人告知的真相无动于衷。相反，我们对谎言的接受度很高，极易被操纵。因为爱蒙蔽了我们的双眼……爱，或对爱的追求，对爱的信仰，难道不是一种谎言的形式？

很有可能是爱的原因，对被爱的迫切需求，混淆了我们，使我们无法识别他人体内的说谎者。一段爱情唤起了我们以往所有的故事……从我们与母亲的关系，到我们的初吻，然后到我们上次的分手。爱凝结了结合与分离，理性与非理性……

然而，如果爱是双向的、真诚的，是否有说谎的必要？如果为了我爱的人而说出一个难以启齿的真相，如果我以这种方式质问对方，这一真相难道不能帮助我们超越自己吗？

试想一下唐璜，他是及时享乐的受害者，是其征服欲的受害者，他醉心于欢乐……

对女人说谎，破坏规则。他是一个玩世不恭、目中无人的享乐者。

唐·乔万尼（即唐璜）杀死了指挥官，也就是唐娜·安娜的父亲，于是安娜与唐娜·埃维拉及其他主角一起都来向唐璜寻仇。

唐娜·埃维拉在最后一幕前，通过咏叹调"最终证明"（L'Ultima Prova）劝唐·乔万尼改邪归正，表示真相将让唐璜得到救赎！

但唐璜嘲笑她。后来指挥官的石像出现,要求他忏悔,唐璜也拒绝了。

即使莫里哀与莫扎特保留了这个故事的道德主义情节,他们也以这种方式展现了我们是如何擅长对自己说谎、对他人说谎……但我们也容易产生负罪感。

当这种负罪感用"我,我是谁?"之镜中我们所投射的目光啃噬、攻击我们时,我们便能够永远在自身的谎言中思考自我。

揭开我们体内说谎者的神秘面纱

唐璜的例证再次把我们送回到了诱惑的土地、爱情的土壤。

因为成年人并不总能摆脱掉他们幼年时的焦虑：父母的爱、理想自我……

通过与真诚相关的实验，我试图证明，对自我和他人完全真实和真诚几乎是不可能的。

精神分析的目的之一是揭开我们体内说谎者的神秘面纱。我的一位拉康派的精神分析同事喜欢讲他称作"说谎者的沙发"的故事：有一天，他的一位来访者来到治疗室，躺在沙发上说道："这个星期一切都很顺利！"对此，分析师反驳道："你在对自己说谎！下周见！"然后他站起来，把来访者送到了门口。才几分钟的功夫就真相大白了。

是的,我们会对自己说谎。是的,我们的患者会对我们说谎。而且,我们也以某种方式在欺骗他们……直到他们意识到几个月来他们一直是在自言自语。一个伟大的自我揭示的时刻到来了!在分析治疗结束时,我的一位患者特地对我说道:"今后,我必须学会对着我的镜子说话……"

停止对自己说谎,就是接受对自己尖锐的审视。这是一种除垢的审视,不仅不会腐蚀我们的灵魂,还会让我们看到比自己暂时的可分解形象更为深刻的东西。

每次说谎时,我们是否都会像人们所说的那样"良心不安"?

照镜子,既是在凝视我们所戴的面具,又因只看到预料之中的肖像而限于浮光掠影,我们很少向内深入地访问自己。

"镜子,我美丽的镜子……告诉我谁是最美丽的……"

对此，让·科克托表示反对："镜子思考得太多了：它们自命不凡地颠倒了图像，还以为自己是深刻的。"❶

随着时间的推移，我们可以在深陷谎言和自掘坟墓间做出选择。这一坟墓埋藏了居于地下的自我，我们害怕让它生存和表达，或者建立一个以存在为荣的自我。成为自己或者不成为……

---

❶ 《奥菲斯的遗嘱》(*Le Testament d' Orphée*)，让·科克托（Jean Cocteau）1959年的电影。

重觅真诚并活出真诚?

不妨想象一下一个将不再有谎言的世界。

巴黎,2050年。共和国的新总统将"人人都必须说真话"写入了宪法的第一条。这一目标借助新的技术得以实现,在过去的一年里,任何说谎的法国人都会被立即发现、定位并被监禁在戒谎中心。

外科医生刚刚告诉他的患者,这个手术理论上没有问题,却会使他残疾。一个孩子告诉母亲,说自己从她的钱包里偷了10欧元。一位部长宣称他接受了贿赂。一名律师替其客户认罪。一个学生去找他的某个老师,说他的课程毫无意义。一位顶级厨师在他的餐厅菜单上注明,他的所有食品都是速冻的。一位成功的小说家在接受采访时回答说,他剽窃了一位杰出的前辈。

想象一下这样的世界……谁能够理所当然地接受、容忍或适应一个这样的世界？卡塔尔·莫罗在试图一年不说谎后，得出结论说这样的世界是不可能的，这种行为只会招致最原始的野蛮。

但另一方面，思考我们的谎言无疑是有可能的。也许这就是重新找到真诚的路径。

结语

　　谎言是普遍存在的。说谎并不只是一种邪恶的、应受谴责的、不道德的行为。正如我们所见，说谎、伪装和隐瞒并非人类独有。动物也会说谎，它们利用谎言来保护自己、繁殖后代，以确保物种的生存延续。

　　那么，为什么拥有更成熟的思考与反思系统的人类，不能在"基因上"或在后天培养中与谎言建立联系呢？谎言是生活的一部分。从寓言故事和传说（圣诞老人、白雪公主或魔法师梅林……），再到有关出生的神话（卷心菜、鹳……），孩子们在谎言的陪伴下长大，尽管有匹诺曹的例子告诉他们说谎是不道德的。在很小的时候，我们就不知不觉地接受了各种各样的谎言。谎言与我们的无意识变得共情又"达理"，至少在我们出生后的最初几年，我们的无意识是无法区分谎言、想象和现实的。

虽然对谎言的评价主要是后天形成的，但正如其表现形式一样，谎言从一开始就已经被用在了方方面面。由于这个世界对孩子来说过于粗暴，他们就会用从父母那里学来的谎言来保护自己不受现实世界的侵扰，之后他们就会出于好玩的目的或者为了制造假象而说谎。成年后，人们会把谎言当作一种保护的工具，但不会意识到自己有陷入谎言中的危险。

谁不曾因为不愿承认违反了父母的禁令而说谎，甚至还会将责任推卸给无辜的弟弟妹妹？说谎、看到我们有能力操纵他人，是多么令人愉快啊！当我们意识到说谎能让我们不失去父母的爱，还能在他们面前保持一个完美的小天使般的形象时，这是多么令人心安啊！

随着时间的推移，谎言的漏洞会越来越少，它能够适应各种情境，并介入了我们的人际交往。为了避免他人做出过于草率的判断或自我承受过于沉重的负担，而选择去隐瞒一个家族秘密、一个生活中"会使名誉受损"的细节，这是否算说谎呢？在失业数年后，欠下了无法偿还的债务，为了重新找到工作而伪造自己的职业生涯，这真的是天理难容吗？说谎，在某些情况下是为了生存……说谎同时也是一种赢得好感的手段，一种维护关系的工具。

说谎的弊害并不是不告诉最好的朋友她的衣服很老气，或者为了不伤害妻子而隐瞒不忠。当我们把自己锁在谎言的世界里，当我们的自我不再是谎言的主体而成为谎言的客体时，谎言就对我们构成威胁了。我试图根据对自我的不同考量将谎言分为三类。

第一类谎言与我们自身对存在的忧惧有关：它是出于自我保护的谎言。这些谎言是短暂的、无大碍的，它使我们免于受伤，也不会造成伤害。与第一类相反，第二类谎言会使我们在某种程度上忘记自己是谁。它将我们置于失去对自我的认识的前厅。这类谎言最终腐蚀了我们的真实本性。正如让-皮埃尔·克莱里斯·德·弗洛里安在寓言中所言："为了幸福地生活，让我们隐蔽地生活！"第三类谎言仅基于对我们自身的存在、对我们的自我的否认。一个化身为他人的自我，一种彻底遗弃真实自我的虚空生活。

这三个类别更像是谎言使用的心理量表，而不是道德分类。

关于谎言的争论是无止境的。谁掌握着真理？真诚主要事关内心，还是关乎言语？谎言存在于过去、现在和将来。即使谎言的普遍使用让我们产生负罪感，但这种负罪感正是我们能够感知说谎后果的最好迹象。因为，归根结底，说谎需要同理心：只有失去情感——自我感知的丧失——才是对谎言失去控制以及压缩自我空间的标志。因为说谎仍然需要我们意识到它的对立面：现实。只有我们质疑谎言是否被"正确"和健康地使用，我们才能在说谎时保持自我的连贯性。

感受谎言因而可以成为与自我真诚相处成为在我们内心深处进行自我反思的时刻。我们的自我就是这样确信自身得到保护、永远处于变化并变得真诚的。

或许，唯一要做到的真诚就是对我们自己的真诚。这样一来，与他人的关系就会一直得到维护，因为为了维护和平，人们总是优先考虑说谎。

致谢

首先，我要感谢我的患者提供的大量证言。即使在本书中为了保证匿名性而对他们的经历稍作修改，但他们的个人故事总是会引起我们对人类的本质、生活经历以及所攻克的难关的思考。这些故事也是拓展知识、丰富哲学以及推动人类发展的不竭源泉。

我还要感谢出版社。感谢他们的信任，感谢他们允许我通过探讨这个主题来继续思考一个在积极开创生活的自我，即自由的自我。

当然，我也要向我周围的人表示敬意，他们有极大的耐心，能忍受我的情绪、我的疏忽，并接受我在专业和编辑方面的局限。

真诚的情感和爱让一切都变得容易起来……

› 参考文献

[1] Abraham, Karl. *Études cliniques*. Œuvres complètes, tome 2, 1915~1925, Payot, 1989.

[2] Arendt, Hannah. *Du mensonge à la violence*. Pocket, 1969.

[3] Aubron, V. etal., Mensonge et mythomanie chez l'enfant : approche psycho-développementale, in *Annales médicopsychologiques*, vol. 165, n° 5, 2007.

[4] Balzac, Honoré (de). *La Peau de chagrin*, Hatier, 2011.

[5] Bernays, Edward. *Propaganda : comment manipuler l'opinion en démocratie,* Zones, 2007.

[6] Bettelheim, Bruno. *Psychanalyse des contes de fées*, Robert Laff ont, 1976.

[7] Bleustein-Blanchet. Marcel, *La Nostalgie du futur*, Robert Laffont, 1976.

[8] Cohen-Hermel Fanny. *Devant la mort, comment répondre aux questions des enfants*, Pascal, 2010.

[9] Collodi, Carlo. *Les Aventures de Pinocchio*, Gallimard Jeunesse, 2005.

[10] Daudet, Alphonse. *Tartarin de Tarascon*; *Tartarin sur les Alpes*; *Port Tarascon*, Omnibus, 1997.

[11] Deutsch, Hélène. *Les Personnalités « As If »*, Seuil, 1934.

[12] Diamantis, Thémélis. *Sens et connaissance en psychanalyse, reflet des âmes, miroir d'une science*, L'Harmattan, 1997.

[13] DSM IV. *Diagnostic and Statistical Manual of Mental Disorders,* DSM IV, American Psychiatric Pub.

[14] Ekman, Paul. *Je sais que vous mentez !*, Michel Lafon, 2010.

[15] Ferenczi, Sandor. *Œuvres complètes*, Payot,

1918.

[16] Freud, Sigmund. *Deux mensonges d'enfant*, Œuvres complètes, PUF, 2009.

[17] Freud, Sigmund. *Introduction à la psychanalyse*, Œuvres complètes, PUF, 2009.

[18] Freud, Sigmund. *Au-delà du principe de plaisir*, Œuvres complètes, PUF, 2009.

[19] Freud, Sigmund. *Malaise dans la civilisation*, Œuvres complètes, PUF, 2009.

[20] Freud, Sigmund. *Psychopathologie de la vie quotidienne*, Œuvres complètes, PUF, 2009.

[21] Gabel Josef. *Mensonge et maladie mentale*, Allia, 1995.

[22] Goethe, Johann Wolfang (von). *Faust I et II,* Flammarion, 1999.

[23] Hippone, Augustin (d'). *Du mensonge*, sous la direction de Lucien Jerphagnon, « La Pléiade », Gallimard.

[24] Jonas, Craig. *Annales médico-psychologiques*, Physical and Verbal Signs of Lying, Elsevier/Masson, 165, 369–371, 2007.

[25] Kampusch, Natasha. *3 096 jours*, JC Lattès, 2010.

[26] Kant, Emmanuel. Doctrine du droit, doctrine de la vertu, *Métaphysique des mœurs II*, Flammarion, 1999.

[27] Koyré, Alexandre. *Réfl exions sur le mensonge,* Allia, 1996.

[28] Kübler-Ross, Elizabeth. *Accueillir la mort*, Le Rocher, 1988.

[29] La Rochefoucauld, François (de). *Maximes et réfl exions diverses*, « Folio », Gallimard, 1976.

[30] Lacan, Jacques. *Écrits*, Seuil, 1966.

[31] Machiavel, Nicolas. *Le Prince et autres textes*, « Folio », Gallimard, 2007.

[32] Meloy, Maile. *Pieux Mensonges*, L' Olivier,

2006.

[33] Miller, Alice. *Ouvrir les yeux sur notre propre histoire*, Flammarion, 2001.

[34] Nadaud, Stéphane. *Homoparentalité : une nouvelle chance pour la famille ?*, Fayard, 2002.

[35] Nietzsche, Friedrich. *Vérité et mensonge au sens extra-moral*, « Folio », Gallimard, 2009.

[36] Nixon, Richard. *The Memoirs of Richard Nixon*, Warner Books, 1979.

[37] Py, Jacques, Biland, Claudine etal. Évaluer la sincérité d' un témoin grâce à trois techniques d' analyses verbales et non verbales, *Revue européenne de psychologie appliquée,* 49, 2, 1999.

[38] Rossi, Pio. *Dictionnaire du mensonge*, Allia, 1996.

[39] Schur, Max. *La Mort dans la vie et l' œuvre de Freud,* Gallimard, 1982.

[40] Settelen, Daniel. *L' Aff aire Romand : le*

narcissisme criminel, L' Harmattan, 2003.

[41] Stanislavski, Constantin. *La Formation de l' acteur*, Payot, 2001.

[42] Tausk, Viktor. *L' Appareil à infl uencer des schizophrènes*, Payot, 2010.

[43] Tisseron, Serge. *Psychanalyse de l' image*, Dunod, 2005.

[44] Vrij, Aldert. *Detecting Lies and Deceit, Th e Psychology of Lying and the Implications for Professional Practice*, Wiley, 2000.

[45] Wilde, Oscar. *Le Portrait de Dorian Gray*, Le Livre de Poche, 2001.

[46] Winnicott, Donald Woods. *De la pédiatrie à la psychanalyse*, Payot, 1956.

[47] Winnicott, Donald Woods. *Distorsion du Moi en fonction du vrai et du faux self (processus de maturation chez l' enfant)*, Payot, 1970.

内 容 提 要

我们为什么要说谎？说谎，是为了拯救自己，还是为了保护他人？哪一个才是更重要的——成为理想自我的欲望，还是拯救他人的雄心？《谎言的逻辑》全方位多视角地为读者阐述了谎言的心理原因，告诉我们应该如何正视谎言的存在、如何辨别谎言，以及如何利用谎言的心理学逻辑。

图书在版编目（CIP）数据

谎言的逻辑 /（法）帕斯卡尔·内沃著；陈可心，赵璐译. -- 北京：中国水利水电出版社，2022.5
ISBN 978-7-5226-0647-7

Ⅰ. ①谎… Ⅱ. ①帕… ②陈… ③赵… Ⅲ. ①谎言—心理学分析—通俗读物 Ⅳ. ①C912.69-49

中国版本图书馆CIP数据核字(2022)第082055号

Copyright © 2012, Éditions de l'Archipel
arranged with Andrew Nurnberg Associates International Limited
北京市版权局著作权合同登记号：图字01-2022-1746

书　　名	谎言的逻辑 HUANGYAN DE LUOJI
作　　者	[法]帕斯卡尔·内沃 著　陈可心 赵璐 译
出版发行	中国水利水电出版社 （北京市海淀区玉渊潭南路1号D座　100038） 网址：www.waterpub.com.cn E-mail: sales@mwr.gov.cn 电话：（010）68545888（营销中心）
经　　售	北京科水图书销售有限公司 电话：（010）68545874、63202643 全国各地新华书店和相关出版物销售网点
排　　版	北京水利万物传媒有限公司
印　　刷	天津鑫旭阳印刷有限公司
规　　格	130mm×185mm　32开本　8.5印张　100千字
版　　次	2022年5月第1版　2022年5月第1次印刷
定　　价	49.80元

凡购买我社图书，如有缺页、倒页、脱页的，本社发行部负责调换
版权所有·侵权必究